MIGUEL ARRÁZOLA

VIENTOS *en* CONTRA, DIOS *a nuestro* FAVOR

El manual que nadie te dio después de dar el 'sí'

A menos que se indique lo contrario, las citas bíblicas son tomadas de la Santa Biblia, Nueva Versión Internacional®, NVI®, © 1999 por la Sociedad Bíblica Internacional. Usadas con permiso. Todos los derechos reservados.

Las citas bíblicas marcadas (RVR1960) son tomadas de la Santa Biblia, Reina-Valera 1960 © 1960 Sociedades Bíblicas en América Latina; © renovado 1988 Sociedades Bíblicas Unidas. Usadas con permiso. Todos los derechos reservados.

Las citas bíblicas marcadas (NTV) son tomadas de la Santa Biblia, Nueva Traducción Viviente, © 2009, 2015 por Tyndale House Foundation. Usadas con permiso de Tyndale House Publishers, Inc., Carol Stream, Illinois 60188. Todos los derechos reservados.

Las citas bíblicas marcadas (TLA) son tomadas de la Traducción en lenguaje actual, © 2000, 2008 Sociedades Bíblicas Unidas. Usadas con permiso. Todos los derechos reservados.

VIENTOS EN CONTRA, DIOS A FAVOR
El manual que nadie te dio después de dar el 'sí'
© 2025 por Miguel Arrázola

Paperback: 978-1-963920-43-7
Hardcover: 978-1-963920-44-4
eBook: 978-1-963920-45-1

Impreso en Colombia

Publicado por Editorial Renacer

Editado por: Gisela Sawin
Diseño de portada y diagramación: Pablo Montenegro

Ninguna parte de este libro puede ser reproducida o transmitida de ninguna manera o por ningún medio, electrónico o mecánico —fotocopiado, grabado o por ningún sistema de almacenamiento y recuperación (o reproducción) de información— sin permiso por escrito de la casa editorial.

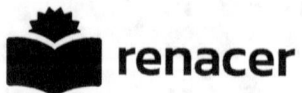

CONTENIDO

Dedicatoria 5

Prólogo 7

Introducción 11

CAPÍTULO 1
Plan divino, idea del cielo 13

CAPÍTULO 2
El hombre y la mujer del principio 23

CAPÍTULO 3
Diseño divino y reflejo del amor eterno 33

CAPÍTULO 4
El amor bien entendido 47

CAPÍTULO 5
Licencia para casarse 55

CAPÍTULO 6
Un matrimonio hecho en el cielo 63

CAPÍTULO 7
El poder del amor 71

CAPÍTULO 8
Cómo amar y honrar a tu esposa 81

CAPÍTULO 9
Matrimonios a prueba de adulterio 89

CAPÍTULO 10
Sanando las heridas del amor 101

CAPÍTULO 11
Del conflicto a la reconciliación 113

CAPÍTULO 12
Claves para un matrimonio feliz 123

Epílogo 139

DEDICATORIA

Dedico este libro al Espíritu Santo, quien ha sido mi guía, mi refugio y mi maestro fiel.

Gracias por cada prueba que ha moldeado mi carácter, por cada enseñanza que ha marcado mi corazón con amor y por darme la gracia de servirte. Todo lo que soy, lo que he logrado y lo que aún me queda por hacer, es por Cristo y para Su gloria. Que este libro sea un reflejo de Tu propósito eterno y un instrumento para bendecir a muchos.

A mi amada esposa, María Paula, mujer virtuosa y fiel, testimonio vivo del amor de Dios en mi vida. Gracias por caminar a mi lado, por ser mi inspiración y por recordarme cada día la belleza de servir con amor y entrega. Te amo eternamente.

A mis hijos, Miguel Esteban y Samuel José, quienes con su vida me desafían a seguir creciendo en el Señor. Ustedes son un regalo divino, un legado que trasciende generaciones. Oro para que siempre caminen en la luz de Su propósito y sean portadores de Su gloria.

A mis preciosas coronas, mis nietos: Belén, Samuel Elías, Miguel Andrés y los que aún están por venir. Cada uno de ustedes es la manifestación tangible de la bondad y fidelidad de Dios. Su risa es mi gozo, su vida, mi mayor tesoro. Oro para que cada paso que den esté marcado por la gracia y el amor del Padre.

Y con profundo amor y gratitud, dedico este libro a mi iglesia, *Ríos de Vida Global*, un regalo que atesoro con amor y temblor de parte de Dios. La iglesia que Él me entregó, la familia espiritual que impulsa mi vida y mi llamado. Gracias por honrar la Presencia de Dios, por caminar con fe y por desafiarme a seguir adelante con valentía. Son un testimonio vivo del poder de Su amor en acción.

Que este libro sea como semilla en tierra fértil, que edifique, transforme y siempre apunte hacia Cristo, el único digno de toda gloria y honra.

PR. MIGUEL ARRÁZOLA

PRÓLOGO

Hablar del Pastor Miguel y de este libro es, para mí, una gran alegría y un privilegio. Lo conozco desde hace 37 años, mucho antes de que formara su propia familia. Hemos servido, viajado y ministrado juntos, compartiendo también oraciones, cargas y sueños. He visto de cerca su caminar con el Señor, su entrega al ministerio, su testimonio intachable, su amor por las almas y su pasión por la iglesia en Colombia y el mundo. Lo he visto crecer como hombre, como hijo de Dios, como ministro del Evangelio. Ha sido un testimonio vivo de lo que significa caminar con fidelidad y determinación.

Hoy, ese mismo corazón que he visto latir con fuerza en el altar y en lo cotidiano, se expresa en estas páginas. Este libro no es un proyecto más, es el fruto de años de oración, estudio, experiencias y convicciones profundas. No nace de la teoría, sino de una vida rendida a Dios, que anhela ver hogares restaurados y familias floreciendo en el diseño original de su Creador.

En un mundo que cambia rápidamente y en el que los valores fundamentales son desafiados cada día, hablar de la familia no es solo relevante: es urgente. En estas páginas encontrarás verdades que confrontan, principios que edifican y esperanza para quienes anhelan ver sus hogares fortalecidos. El Pastor Miguel nos recuerda que la familia no fue una idea humana, sino un diseño divino. Que no fue hecha para funcionar en automático, sino para ser cuidada, cultivada y protegida. Esto último es de vital importancia en los días en los que nos encontramos, donde la familia se encuentra bajo un constante ataque de la cultura posmoderna.

El enemigo ha intentado por todos los medios destruir lo que Dios instituyó redefiniendo el matrimonio, atacando la autoridad de los padres, confundiendo identidades, desvalorizando la vida. Pero en medio de esa tormenta, este libro es como un faro: firme, claro, lleno de luz. Una voz que nos llama a volver al plano original, a edificar sobre la roca, a vivir el evangelio en casa antes que en cualquier otro lugar.

Aquí se nos invita a ver el hogar como Dios lo ve: un refugio, una escuela de amor, un campo de entrenamiento para la madurez y el servicio. El cónyuge, los hijos, no son obstáculos, ni cargas, sino regalos que nos ayudan a crecer, a amar de verdad, a renunciar al egoísmo y a vivir como Cristo.

Si estás casado, este libro te va a hablar. Si estás criando hijos, te va a fortalecer. Si estás luchando por tu familia, te va a animar. Y si aún estás esperando ver cumplidas promesas en tu hogar, te va a llenar de fe.

Dios quiere hacer de nuestras casas un testimonio vivo de Su fidelidad. Que nuestras relaciones familiares no solo sean sanas y felices, sino también influyentes, capaces de mostrar al mundo que el verdadero cristianismo transforma vidas y transforma hogares.

Te animo a leer con el corazón abierto. A dejar que el Espíritu Santo hable a tu vida. A tomar cada enseñanza como una herramienta para construir, sanar o renovar lo que sea necesario. Que este libro sea para ti lo que sé que fue para él, una encomienda, una señal del cielo para este tiempo, una herramienta práctica y espiritual para ver hogares restaurados antes del regreso del Señor.

Con cariño y gratitud por la vida del Pastor Miguel y la Pastora María Paula, oro para que este mensaje no solo te inspire, sino que te transforme.

Con mucho aprecio en Cristo,

PASTOR JOHN ROMICK

INTRODUCCIÓN

Por muchos años, he sido testigo de los grandes desafíos que conlleva para una pareja estar casados. He visto como día a día, esta institución creada en el corazón mismo de Dios se encuentra bajo serios ataques. Y desde mi punto de vista, una de las razones por las cuales los problemas empiezan, es porque las parejas no reciben la correcta preparación para enfrentar este hermoso desafío.

Traen consigo heridas del pasado y vacíos emocionales que muchas veces no han sido tratados de la manera acertada, aumentando las posibilidades de que la relación fracase. Cuando dos personas se unen como esposo y esposa sin un entrenamiento adecuado en los valores y fundamentos de Dios, estarán incapacitados para poder amarse de la manera en que nuestro Padre lo ha establecido. Soy consciente de que, en muchos de los casos, el problema puede ser la falta de información. En otros, la falencia en un detallado plan previo al matrimonio basado en los fundamentos bíblicos correctos. Y como lo menciono en uno de los capítulos, el matrimonio no soluciona nuestros problemas, más bien, revela aquellos que estaban ocultos.

Estoy convencido de que cuando dos personas deciden dar este paso tan importante, como es el matrimonio, tienen grandes esperanzas y muy buenas intenciones. Pero entonces, ¿por qué tantos matrimonios fracasan? ¿O por qué muchas parejas terminan por conformarse con una relación en la que no se sienten satisfechos?

No existe un manual perfecto que enseñe cómo hacer que los matrimonios nunca pasen por situaciones difíciles o complejas. Eso, por más que lo quisiéramos, es imposible. Pero sí puedo asegurar que, con una correcta guía, basada en los principios de la Palabra de Dios, las parejas pueden recibir las herramientas que les permitan enfrentar los desafíos que se les presenten, y de esta manera encontrar la solución puntual para cada situación.

Este libro, aborda varios aspectos del matrimonio, y con él quiero mostrarles diferentes perspectivas desde las experiencias vividas tanto en mi matrimonio como durante todos estos años que he podido pastorear a cientos de parejas.

De todo corazón anhelo que cuando leas estas líneas puedas conocer que las bendiciones que Dios ha planeado para el matrimonio son posibles de alcanzar. De igual forma, espero que, con el paso de los capítulos, puedas ser desafiado a convertirte, según el manual perfecto que es la Biblia, en la persona correcta para tu pareja.

Por último, estoy convencido de que, con la Gracia y el Favor de Dios, podrás superar cualquier problema que estés atravesando o que atravesarás, y que Dios desea ser el vínculo perfecto que los sostenga.

PR. MIGUEL F. ARRÁZOLA

CAPÍTULO 1

PLAN DIVINO, IDEA DEL CIELO

Todo parecía estar en orden. Sonreían, asistían juntos a los compromisos sociales, hablaban con cordialidad y hasta daban la impresión de ser una familia estable. Pero a puertas cerradas, la historia era otra.

Llegaron a la iglesia como quien se sube a un bote salvavidas en plena tormenta. Era una pareja con dos hijos, aferrándose a las últimas sogas de un matrimonio que hacía agua por todos lados. Ella, decidida pero agotada, había intentado todo por rescatar lo que aún quedaba de su relación. Él, atrapado en sus propias batallas, no terminaba de ver el daño que sus decisiones estaban provocando.

Fue un conocido de ambos —también miembro de nuestra congregación— quien los animó a acercarse. «¿Qué más pueden perder?», les dijo, con esa mezcla de esperanza y sinceridad que solo nace del amor genuino por otros. Aunque llegaron prevenidos y llenos de dudas, algo sucedió aquella primera vez. Contra todo pronóstico, no solo decidieron regresar, sino que preguntaron si alguien podría ayudarles.

Recuerdo perfectamente cuando nos compartieron la situación. La persona que los había invitado apenas podía creerlo. Y nosotros, aunque sabíamos que no sería fácil, sentimos una chispa de alegría: había una puerta entreabierta, una posibilidad de restauración.

Los primeros encuentros para brindarle consejería matrimonial no fueron alentadores. Las heridas eran profundas, las culpas pesadas. Especialmente las del esposo, que venía luchando en secreto contra ciertas adicciones que, con el tiempo, habían corroído la estructura de su hogar. Ella ya había tomado la decisión de divorciarse. Pero algo cambió en medio de la oración, de las conversaciones sinceras, de los momentos de silencio llenos de lágrimas y reflexiones.

Poco a poco, lo que parecía un caso perdido comenzó a transformarse. El proceso fue duro, sí. Pero ambos decidieron luchar. Escucharon, obedecieron, se dejaron acompañar por líderes de la Iglesia que caminaron con ellos paso a paso. No fue magia, fue fe activa. Y Dios, como siempre, no falló.

Hoy, no solo siguen juntos, sino que su testimonio se ha convertido en un faro para otras parejas. Lo que parecía un naufragio terminó siendo una historia de redención. Porque cuando Jesús toma el timón, hasta la tormenta más feroz puede convertirse en una travesía hacia la restauración.

> "No fue magia, *fue fe activa*."

La elección de tu pareja

Desde el momento de la Creación, el matrimonio fue parte del plan divino, un producto de Dios. Pero también fue una opción divina elegir casarse o no. Debes tener en claro que para cumplir el plan de Dios no necesariamente tienes que casarte. De hecho, cuando Dios le presentó a Eva, Adán, que ya conocía el plan de Dios porque paseaba con Él todos los días, no lo obligó a casarse. Sin embargo, luego de conocer a Adán en sus charlas diarias, le dijo: «No es bueno que el hombre esté solo; le haré ayuda idónea para él» (Génesis 2:18 RVR1960). «Entonces Jehová Dios hizo caer sueño profundo sobre Adán, y mientras este dormía, tomó una de sus costillas, y cerró la carne en su lugar. Y de la costilla que Jehová Dios tomó del hombre, hizo una mujer, y la trajo al hombre. *Dijo entonces Adán: Esto es ahora hueso de mis huesos y carne de mi carne; esta será llamada Varona, porque del varón fue tomada. Por tanto, dejará el hombre a su padre y a su madre, y se unirá a su mujer, y serán una sola carne*» (Génesis 2:21-24 RVR1960).

No fue Dios quien dijo esta parte del texto, sino Adán. Dios nunca empujó a Adán a que la eligiera. Él tenía que escogerla.

Dios respeta la voluntad de las personas, no fuerza a nadie a hacer lo que no desea. Hay personas que se pasan la vida buscando su esposo o esposa, y se olvidan de cumplir la voluntad de Dios. Uno debe estar más preocupado por conocer y cumplir la voluntad de Dios que pasar el tiempo buscando con quién se va a casar. El matrimonio es una elección, no una obligación. Muchos personajes bíblicos no se casaron, pero realizaron grandes cosas.

No quiero que me malinterpretes, no me refiero a que esta sea una norma. Solo te explico que la elección matrimonial es muy importante, ya que puede amplificar tu destino o destruirlo, si eliges mal. La gente piensa que estar con alguien los hará felices, pero la verdad es que, para realizarte en la vida, debes tener una relación estrecha con Dios.

Conocí a muchos jóvenes y jovencitas que parecían que tendrían un excelente futuro hasta que se unieron en matrimonio. Vivían apasionados por Dios, y lo amaban con todas sus fuerzas, hasta que se casaron. Algunos de ellos tenían grandes llamados, pero eligieron a la persona incorrecta para casarse, y a pesar de que se les advirtió y se les recordó, no hicieron caso, y a causa de ello, abandonaron su llamado.

> "El matrimonio *es una elección*, no una obligación."

Es por eso por lo que me gusta enfatizar que los cristianos que aman a Dios cuentan con grandes herramientas para saber si realmente la persona que les gusta es la indicada para su vida. Porque nadie debería casarse si primeramente no conoce el plan de Dios para su vida. Y al mismo tiempo asegurarse de que la otra persona también tiene en claro su llamado y entiende la voluntad de Dios para su vida. De no ser así, al elegir a la persona equivocada para casarse, al tiempo se sentirán confundidos, deprimidos, perdidos, sin saber qué hacer, totalmente frustrados, porque no supieron discernir la voluntad de Dios.

Probado está que el matrimonio mal concebido descarrila el destino divino. Por esa razón, cuando conocí a mi esposa y supe del llamado de Dios a su vida, fue lo primero que me atrajo. No solo me impactó su belleza, sino su espiritualidad y su firmeza de carácter. Ambos sabíamos que éramos el uno para el otro.

Si realmente quieres ser feliz y caminar hacia tu destino divino, debes encontrar a la persona que formará parte de tu futuro y se unirá al plan de Dios. No tomes este tema a la ligera.

La Palabra nos cuenta que cierto día, Jesús estaba hablando con los discípulos acerca del divorcio, entonces ellos le dijeron a Jesús: «Si así es la condición del hombre con su mujer, no conviene casarse» (Mateo 19:10 RVR1960).

En esta conversación, Jesús resaltaba lo importante de la decisión acerca de con quién te vas a casar. Después de la salvación, es la decisión, considero yo, más importante en nuestra vida.

Por lo tanto, no trates este tema a la ligera. Aunque muchos te digan: «Ya tienes una profesión y dinero, cásate». Eso no es indicativo de nada, aún puedes no estar listo para el matrimonio. Puesto que la inteligencia y el dinero no tienen nada que ver con el matrimonio.

Puedes ser la maestra, el médico, la abogada o el ingeniero más inteligente de tu ciudad, conoces a una persona y te casas. Pero los he visto al poco tiempo divorciándose. Es que piensan que profesionalismo, dinero y edad son sinónimos de madurez, pero no tiene nada que ver con esto. Conozco a personas de treinta y cuarenta años, que deberían ser maduras, pero aún son como niños con todos sus diplomas colgados en su casa de divorciados.

> "*Probado está* que el matrimonio mal concebido *descarrila* el destino divino."

Es que ni la edad, ni el diploma, ni el dinero reflejan el carácter ni la madurez de una persona. No importa lo inteligente que seas, lo que hayas estudiado, ni la edad que tengas, eso no te hace un hombre maduro. Recién lo eres cuando estás casado con la misma mujer, treinta años después.

Idea del cielo

El matrimonio es una idea tan buena que solo a Dios se le pudo haber ocurrido. No fue ideado por ningún gobernante, parlamentario, congresista, ni tampoco un juez. Por esa razón, el matrimonio no debería ser alterado por el gobierno ni por los notarios, ya que es una idea de Dios.

Cuando el matrimonio tiene piezas rotas, no podemos llevarlo a reparar a quienes no tienen los repuestos correctos para esa tarea. El matrimonio roto busca en el abogado la forma de recomponer la relación, pero no puede. Porque el único que puede y sabe cómo restaurarlo, es Dios, su creador.

Dios, a través de Su Iglesia, puede ayudarlo, ya que el matrimonio fue la primera institución creada por Él. Adán y Eva no formaron a la primera iglesia; tampoco al principio había gobiernos, universidades, ni siquiera educación.

El matrimonio fue la primera institución creada por Dios. La Biblia no comienza describiendo la creación de la Iglesia ni de los gobiernos, tampoco de las universidades, sino del matrimonio. A partir de la unión matrimonial viene todo lo demás: la educación, las universidades, los tribunales, etc. Es el fundamento de todas las instituciones y de las demás relaciones. Todo comenzó con dos solteros que se unieron en familia. Por lo tanto, podemos comprender claramente que la primera institución es definida por los estándares del cielo. Y a partir de ellos se crea todo lo demás.

Es por ello por lo que afirmo que el matrimonio no pertenece a la tierra, sino al cielo, porque fue idea de Dios. El Edén era el cielo en la tierra, una porción del paraíso que descendió. Entonces, ¿por qué buscas reparar tu matrimonio en la tierra, si donde debe ser restaurado es en el cielo? Hallarás el éxito matrimonial mediante los estándares celestiales, dentro de la cultura del Reino de Dios, no fuera.

DIOS + HOMBRE + MUJER = MATRIMONIO

Año tras año se debaten en las cortes y los congresos mundiales si es posible unir en matrimonio a un hombre con otro hombre, a sabiendas de que las cosas no funcionan de esa manera. El matrimonio solo resulta efectivo entre un hombre y una mujer.

> "El matrimonio *es una idea* tan buena que *solo a Dios* se le pudo haber ocurrido."

Imagina si alguien se me acerca y me dice: «Pastor, voy a comprarme un pequeño automóvil para llevarlo a la batalla porque, aunque es un vehículo pequeño, en mi pensamiento creo que es un tanque de guerra». Mi respuesta lógica sería: «No lo lleves a la guerra. No duraría ni un segundo en pie».

De acuerdo con el relato del libro de Génesis, capítulo 2, el matrimonio nació de la siguiente forma:

«Entonces Jehová Dios hizo caer sueño profundo sobre Adán, y mientras este dormía, tomó una de sus costillas, y cerró la carne en su lugar. Y de la costilla que Jehová Dios tomó del hombre, hizo una mujer, y la trajo al hombre» (vv. 21-22 RVR1960).

Luego de haber formado a una mujer, se la presentó al hombre tal cual como era, hermosa, sin píldoras de crecimiento ni silicona. Entonces al verla, Adán la llamó Varona (Génesis 2:24 RVR1960). El hombre la llamó así, no Dios.

En hebreo, cuando nombras algo, eres el dueño de lo que nombras. Te pertenece. Cuando Dios nombraba cosas o les ponía nombres, era para tener control sobre ellas. En la ley espiritual, todo lo que nombras puede ser gobernado o controlado por ti. Esa es la razón por la cual, cuando la mujer se casa, pierde el nombre de soltera y el hombre se hace responsable, toma gobierno y control sobre ella. Y no quiero que suene a una clase de machismo, de ese que en estos tiempos nos quieren vender. Es parte del plan y propósito de Dios, así, simple.

El cielo diseñó tu matrimonio. Dios tomó a Eva del hombre, y después vino la unidad. La palabra «unidad» en hebreo es achdut (אחדות) y proviene de la palabra ejad (אחד), que significa «uno». En el Antiguo Testamento, la palabra yàhadh se utiliza para referirse a la unión de personas o al compañerismo. Y deriva en la palabra «perseguir» o «continuar persiguiendo» a su mujer. Perseguir no solamente en el noviazgo, sino después del matrimonio. En el matrimonio, el esposo debe perseguir a la esposa. Y ella debe mantenerse absolutamente «perseguible». Para ello debe cuidarse y estar siempre presentable delante de su esposo.

> "El *cielo diseñó* tu matrimonio."

Al esposo le pido que ame a su esposa sin condición. Hay una canción que se canta en Colombia, que dice: «Te quería por el pelo. Te lo cortaste, y ahora no te quiero». Nunca destaques en tu esposa una razón por la cual amarla. Porque cada vez que le diga: «Yo te amo por...». Condiciona el amor. Pues si le dices: «Es que yo te amo por tu hermoso cabello». ¿Qué ocurriría entonces si, por alguna circunstancia, pierde su hermosa cabellera? O si le dices: «Es que yo te amo por la delicadeza de tu piel». ¿Qué harás cuando los años pasen y comiencen a asomar las inevitables arrugas? Cada vez que le das a alguien una razón por la cual amarla, condicionas el amor. Ama a esa persona sin condiciones.

CAPÍTULO 2

EL HOMBRE Y LA MUJER DEL PRINCIPIO

Durante tantos años de ministerio, junto a mi esposa hemos escuchado y aconsejado a cientos de parejas. Y el matrimonio puede llegar a ser algo gracioso si intentamos mirarlo de la forma en que los integrantes pueden percibirse mutuamente.

Hay hombres que creen que haberse casado con un ser humano que tiene aspecto de mujer, con una gran belleza y formas femeninas, pero con mente de varón.

Hay también mujeres que creen que contrajeron matrimonio con un hombre bien parecido, que posee la fortaleza de un hombre y las emociones de una mujer.

¡Qué importante sería que pudieran identificar las diferencias que Dios estipuló para cada integrante de la pareja y resaltarlas! Puesto que la mujer no se casó con un «ejecutivo dotado de encantos femeninos», ni tampoco el hombre con una «dama con músculos de luchador».

Aunque pueda parecer gracioso, este contraste percibido de esta manera por el esposo, puede llevarlo a decir que «se casó con un ser complicado», y llevar a la esposa a pensar que se casó con «un ser egoísta y grosero». Esas desavenencias íntimas a veces terminan en tristes decepciones.

Sin embargo, el matrimonio se apoya mutuamente cuando se aceptan como son. En ese mutuo apoyo y en esa complementariedad, se configura una de las realidades más maravillosas: la familia.

Cuando invitas a alguien a compartir tu vida, debes asegurarte de que tenga una visión clara de parte de Dios y de lo que realmente significa el matrimonio instituido por Él. Porque el matrimonio es una empresa, donde todos los bienes son en común, y no hay secretos.

> "El matrimonio se apoya mutuamente *cuando se aceptan* como son."

Es por eso, mujer, que debes casarte con un hombre que, cuando tenga problemas, acuda a Dios y no a otras mujeres. Una pareja madura que no pelee por chat desde el celular y tampoco comience o finalice una relación de esa misma forma. Esas actitudes son un riesgo, porque demuestran falta de carácter, de respeto y de educación hacia la otra persona que entregó su tiempo y su corazón.

Tareas definidas para cada integrante

Dios ha definido tareas para cada integrante del matrimonio. El hombre fue diseñado para ser el progenitor, por eso está cargado de semillas. En su esperma lleva medio millón de semillas para dar generaciones. El hombre es como un automóvil que, para funcionar correctamente, necesita gasolina, de lo contrario, no funciona bien.

A diferencia de la mujer, el hombre no tiene ciclos menstruales. La mujer suele atravesar cuatro estaciones: invierno, primavera, verano y otoño. Cada una de ellas marca una etapa diferente en su vida y en sus emociones. Es por ello por lo que los esposos deben ser sensibles a esos cambios. Por ejemplo, cuando arriba a su temporada de invierno, es mejor darle espacio y tranquilidad, por el bienestar de ambos. En esos momentos, un gesto amable puede marcar la diferencia: regálale flores, hazle un masaje en los pies con una crema relajante, acaricia su espalda o colócale una bolsa de agua caliente en el vientre. El invierno invita a acurrucarse, a ser cariñoso, a susurrarle palabras bonitas y demostrarle amor con pequeños detalles. Es esencial estar siempre atento a sus necesidades.

La idea es que cada uno pueda entender sus roles y así cambiar para bien, pues es mi anhelo que cada integrante del matrimonio conozca los propósitos y roles dentro de la Creación y del matrimonio, para que se amen y vivan mejor.

Cuando Dios creó al hombre, lo colocó en el Edén, un lugar que no se define por su geografía, ya que hasta hoy los arqueólogos no han podido localizarlo ni en Arabia ni en Turquía, donde confluyen los ríos Éufrates y Tigris. Esto se debe a que el Edén no era un lugar físico, sino una atmósfera en la presencia de Dios.

> "La *mujer suele atravesar* cuatro estaciones: invierno, primavera, verano y otoño."

Hasta aquí hemos comprendido el verdadero significado del matrimonio descrito en el libro de Génesis, nació cuando Dios creó a la mujer del principio, luego de haber ya formado al hombre. Para entender el concepto de «la mujer del principio» es fundamental comprender qué significa ser el hombre del hogar y qué implica ser la mujer en ese contexto.

El hombre del hogar

Primera cápsula
Dios creó al hombre para habitar en Su presencia. La primera bendición que recibió no fue una mujer, sino Su presencia divina. Por esa razón, antes de buscar una esposa, el hombre

necesita tener la Presencia de Dios en su vida. Si no tiene a Dios como prioridad, podría llegar a malinterpretar su relación con ella, creyendo que es su mayor necesidad cuando, en realidad, la necesidad primordial del hombre es Dios.

De igual manera, a la mujer le digo: No te unas a un hombre que no conoce ni valora la Presencia de Dios, pues podría no comprenderte ni valorarte plenamente.

Para que un hogar funcione, el hombre debe estar lleno de la Presencia del Señor. De lo contrario, será un hombre vacío que no podrá ofrecerte lo que tú necesitas.

Segunda cápsula
La segunda enseñanza es que Dios, antes de darle a la mujer, le asignó al hombre una tarea: el trabajo. Esto significa que el hombre debe saber mantener un empleo y ser responsable con su trabajo. Por eso, mujer, no te comprometas con un hombre que no tenga disposición para trabajar, porque el trabajo es parte del propósito divino para el hombre.

Tercera cápsula
Dios también le ordenó al hombre cultivar el jardín, es decir, desarrollar y sacar el máximo potencial de aquello que lo rodeaba. Esta tarea incluía hacer fructífero todo lo que tocara. De esta manera, se entiende que Dios no le entregó al hombre una mujer ya formada; él debía cultivarla. La mujer de tus sueños no viene lista, es un diamante en bruto que el hombre, debe pulir y formar.

Si después de algunos años de matrimonio, tu esposa no ha crecido o ha empeorado, esto es el reflejo de tu liderazgo. Así como Jesús, con Su Palabra lava a Su Iglesia, la embellece y la presenta gloriosa, de la misma forma el hombre debe ser el sacerdote de su hogar, cuidando y edificando a su esposa.

Si ella no se siente segura de sí misma o no se siente cuidada, el hombre debe preguntarse si le está dando el apoyo y los cuidados necesarios. El rol del hombre es lavar a su esposa con palabras de afirmación y amor, ayudándola a crecer espiritual y emocionalmente.

> "Para que un hogar funcione, el hombre debe *estar lleno* de la *Presencia del Señor*."

Cuarta cápsula

La última enseñanza es que el hombre tiene la responsabilidad de proteger a su esposa. Dios le dio fuerza física, no para usarla en su contra, sino para resguardarla. El hombre, y no la mujer, fue quien recibió la instrucción de parte de Dios de no tocar el árbol prohibido. Esto demuestra que la responsabilidad espiritual recae sobre él, no sobre ella.

El problema actual es que muchas mujeres conocen más de la Palabra de Dios que su esposo, lo que genera un desequilibrio en el hogar. Ya que el orden divino establece que el hombre debe ser la cabeza y liderar espiritualmente el hogar. Solo cuando un hombre cumple con estos principios puede comprender su rol y tener una esposa a su lado que lo apoye y respete.

La mujer del principio

Primera cápsula

La Mujer del principio fue creada como la ayuda idónea, diseñada por Dios para acompañar al hombre en su misión divina. Su propósito es colaborar con su esposo para cumplir la visión que Él le ha confiado. La mujer recibió dones especiales de servicio que hacen su rol fundamental para apoyar a su esposo y ayudarlo a alcanzar su máximo potencial.

> "El hombre debe ser el *sacerdote* de su hogar, *cuidando* y *edificando* a su esposa."

Sin embargo, Adán alteró el plan de Dios al no asumir su liderazgo, lo que trajo consecuencias. Es por eso por lo que una mujer sabia entiende que su rol no es imponer su visión, sino fortalecer la de su esposo. No se trata de competencia, sino de complemento.

Segunda cápsula

Sé que las feministas tienen el discurso de que la mujer se liberó y desbancó a los hombres de las clases ejecutivas y de los trabajos comunes. Yo pienso diferente, porque creo que la riqueza de la sociedad está en reconocer y valorar las habilidades únicas de hombres y mujeres, no en promover una competencia sin sentido que sustituye a unos por otros.

Una mujer sabia conoce a su marido, lo analiza, lo explora, lo interroga, le formula preguntas sobre su plan de vida y su visión: «Mi vida, ¿qué vamos a hacer en cinco años? ¿Dónde estaremos? ¿Cuál es el plan de retiro que tienes pensado? ¿Qué van a hacer nuestros hijos? ¿Dónde van a estudiar?». Una mujer lo estimula para seguir ese plan, y no para destruirle el ego o la hombría. Mujer, no debes tomar la posición del hombre. Debes saber que Dios no te da un esposo para llenar vacíos, sino para complementar propósitos.

La mujer sabia con sus manos construye la casa. Una mujer equipada con el Espíritu Santo debe estar pendiente en todo momento de construir y edificar con sabiduría, inteligencia, influencia y sagacidad.

He conocido y observado matrimonios en los cuales las mujeres son quienes ponen la visión y trazan la ruta. Probablemente, ellas han visto en su casa, que sus padres funcionaban así, y creen que pueden hacer lo mismo en su hogar. Pero al leer la Palabra descubrimos que las cosas no funcionan de esa manera.

Tristemente, encontramos líderes preciosos en Dios, pero manipulados por su mujer, quienes terminan destruyéndoles el liderazgo y usurpándoles el poder.

Tercera cápsula
La Biblia dice que las mujeres deben tener una vida dócil, tranquila y serena. Que no deben ser dominantes y que tienen que aceptar la autoridad de su marido. También dice que se deben vestir decorosamente, ya que la belleza no depende de las apariencias sino de lo que hay en el corazón.

La mujer es muy valiosa delante de Dios. Conocemos ejemplos de mujeres como Sara, que se sujetaron a su esposo y los veían como los señores de la casa. Sé que para nuestros días y bajo los estándares del mundo, parecería algo fuera de lo normal, pero sería interesante para tu esposo que hoy pudieras decirle con el mayor amor y respeto: «Soy tu esposa, te amo y te seguiré donde quiera que vayas», e intentar de esta forma recuperar el orden divino perdido.

> "La *mujer sabia* con sus manos *construye* la casa."

Una mujer también es admiradora de su esposo, y cuando este le habla acerca de la visión, no lo cuestiona, sino que lo anima. Así como mi esposa, que patrocina mis sueños. Hoy en día, al faltar esta clase de mujeres, muchos hombres se pasan el día en sus trabajos, prefieren no regresar a su hogar porque no se sienten amados ni tranquilos. No encuentran ánimo allí.

Mujer, haz de tu hogar un lugar seguro, de refugio, para que cuando llegue tu esposo, se sienta a gusto. Prepara el ambiente para que las presiones del mundo desaparezcan allí. Disfruta el tiempo con tu esposo. No lo presiones para que se endeude para comprar cosas. Todo llegará a su tiempo y, de manera sabia, podrán conseguir lo que desean.

> "La *Biblia* dice que las *mujeres* deben tener una *vida dócil*, *tranquila* y *serena*."

Cuarta cápsula
Otra cosa importante para tener en cuenta es que «la mujer es profeta». Todo lo que vio y se habló, lo guardó, lo procesó y, tarde o temprano, lo soltará. No me estoy refiriendo al ministerio profético, sino en referencia al libro de Joel, donde dice que «el Espíritu vendrá sobre toda carne». Y la mujer que está sujeta a Dios, escucha Su voz, y muchas veces dará opiniones acerca de lo que su marido quiere lograr y tal vez no está seguro de hacerlas. Esposa, debes saber decirle a tu esposo tus opiniones o pensamientos para que sepa escucharte.

CAPÍTULO 3

DISEÑO DIVINO Y REFLEJO DEL AMOR ETERNO

Desde su concepción bíblica, el matrimonio es mucho más que una institución social o un contrato legal, es un diseño divino. El texto de Hebreos 13:4 nos recuerda: «Tengan todos en alta estima el matrimonio y la fidelidad conyugal, porque Dios juzgará a los adúlteros y a todos los que cometen inmoralidades sexuales» (NVI). Este versículo subraya que el matrimonio es digno de honor por parte de todos.

Con el tiempo entendí que la mayoría cree que aplica solamente para las personas casadas, pero es para todos, independientemente de la condición civil en la que se encuentre: viudo, soltero, separado o divorciado. Es necesario entender que el concepto de familia incluye a cualquiera de estos estados civiles. Por supuesto, el plan original de Dios es la familia, y para ello es necesario contar con el vínculo matrimonial como plan original para su desarrollo.

Lamentablemente, nuestra sociedad ha menospreciado y desestimado el matrimonio. Incluso, algunas personas lo consideran irrelevante y lo perciben como un acto arcaico o retrógrado que no se aplica a este tiempo, y que forma parte de un estilo de vida opcional.

> "El concepto de familia *incluye* a cualquiera de estos estados civiles."

En muchos casos, el matrimonio ha sido tan menospreciado que se lo considera un impedimento para el éxito y el desarrollo de una carrera profesional. Cuando una mujer se va a casar, lo primero que las amigas de la universidad le dicen es que casi que se ha rebajado a ser «ama de casa». Cuando en verdad, todo trabajo es digno, tanto el profesional como el de ama de casa. Al ver esta tarea tan menospreciada, la sociedad empuja a las esposas a que trabajen, y que finalmente contraten personas para cuidar de sus niños. Y aunque hacen una labor increíble, cuando las mamás llegan del trabajo, los niños casi ni les prestan atención, pues han pasado tanto tiempo con las niñeras o cuidadoras, que sienten mayor apego por ellas que por sus propias madres. Con esto no quiero decir que las mujeres no tengan derecho a trabajar, no me malinterpretes. Solamente quiero decir que, si lo hacen, pueda ser con equilibrio y sin afectar ni la vida de su esposo, la de sus hijos o su propia vida. Este es un fenómeno que hoy vivimos en el mundo como una epidemia, producto de una vida narcisista enfocada en el egocentrismo. Una vida a la que solamente le importa el «yo». Por esa razón, muchos hombres y mujeres no se casan, porque antes de hacerlo quieren cumplir con una serie de actividades que parecen ir incrementándose cada día.

Seguramente habrás escuchado de hombres que no quieren abandonar el «hotel mamá». Y si se casan, terminan llevando a su esposa al cuarto que tenían en la casa materna. Para luego, desafortunadamente, terminar haciendo de las esposas un mueble más de la casa, ya que no pueden ejercer ningún tipo de influencia al no ser dueñas de su propio hogar.

Por eso, la Palabra de Dios es muy clara al aconsejar que la nueva pareja debe dejar a su padre y a su madre para iniciar una nueva familia. Por supuesto, nos referimos al alejamiento geográfico y su independencia. Al mismo tiempo, es necesario un alejamiento financiero y también emocional para poder crecer sin ataduras.

También observamos que, en la actualidad, el matrimonio está siendo redefinido, porque no conocen los principios y fundamentos que lo conforman. Antiguamente, se tenía un mejor concepto de lo que significaba la familia, desafortunadamente, hoy se ha desvirtuado como resultado del pecado y de la maldad. Y esas ideas erradas sobre el matrimonio envolvieron a la familia, afectándola.

Leyes divinas del matrimonio

Todo aquel que ha entregado su vida a Jesús, debería obedecer las reglas del Reino de Dios, ya que pertenecemos a él. Como parte de ellas está la unión matrimonial. Entendemos que el matrimonio atrae, pero también puede destruir.

El matrimonio es hermoso, pero a la vez es peligroso. Es la fuente de mayor gozo, y al mismo tiempo es la fuente de la frustración de muchos. Las parejas saben que la boda es hermosa, la luna de miel es preciosa, pero después de dos semanas de convivencia, empiezan a preguntarse: «¿En qué me metí?». El matrimonio es un maravilloso sueño, pero también puede convertirse en algo desagradable si no lo sabes manejar. El matrimonio es la mayor fuente de gozo, pero también puede ser la mayor fuente de temores, incertidumbres y cuestionamientos.

> "La *nueva pareja* debe dejar a su padre y a su madre para *iniciar* una *nueva familia*."

Cuando decides casarte, debes saber que el matrimonio no va a resolver tus problemas. No te casas simplemente porque quedaste embarazada. Tampoco lo haces para conseguir una pareja con una buena posición económica, porque serías una cazafortunas, y ya debes saber que la mayoría de ellos firman acuerdos prenupciales protegiendo sus bienes económicos.

Tampoco te casas porque te peleaste con tu padre o porque odias a tu madre. Eso sería un acto de rebeldía que no resolvería los problemas de la vida.

Si eres una persona que tiene mal temperamento, insegura, amargada o compulsiva, el matrimonio revelará tal condición, y probablemente la magnificará. Lo mismo si eres tacaño o inseguro, lo manifestarás en el matrimonio.

Como en ninguna otra relación, el matrimonio muestra las deficiencias del carácter. He conocido personas que han tenido varias relaciones y dicen que el matrimonio no sirve. Pero luego de hacerle varias preguntas, te das cuenta de que el problema no es el matrimonio, sino la persona, porque el matrimonio no cambia a nadie.

Mitos y verdades sobre el matrimonio

Como ya hemos leído, el matrimonio tiene un propósito según la Palabra de Dios. Por lo tanto, necesitamos desmentir conceptos erróneos y resaltar su importancia como parte del plan divino.

1. El matrimonio es unión y complemento

Dios creó al hombre y a la mujer para complementarse mutuamente. En 1ª Corintios 11:11 leemos: «Pero en el Señor, ni el varón es sin la mujer, ni la mujer sin el varón» (RVR1960). Este principio nos enseña que, aunque somos individuos únicos, juntos reflejamos la plenitud de la imagen de Dios. Desde el

Génesis, Dios declaró: «No es bueno que el hombre esté solo; le haré ayuda idónea para él» (Génesis 2:18 RVR1960).

Imagina un rompecabezas en el que cada pieza tiene una forma única. Por sí solas, no tienen sentido, pero al unirse revelan una imagen perfecta. Así es el matrimonio: dos personas diferentes que se unen y complementan para reflejar el diseño de Dios.

> "El matrimonio *no va a resolver* tus problemas."

La Biblia enseña: «Pero al principio de la creación, varón y hembra los hizo Dios. Por esto dejará el hombre a su padre y a su madre, y se unirá a su mujer, y los dos serán una sola carne; así que no son ya más dos, sino uno. Por tanto, lo que Dios juntó, no lo separe el hombre» (Marcos 10:6-9 RVR1960).

Hay tres razones radicales en este texto bíblico que explican la verdad de la unión matrimonial:

- El matrimonio es plan de Dios, no del hombre.
- En el matrimonio hay una unión física entre el hombre y la mujer, que encajan anatómicamente con el propósito del placer sexual y la procreación.
- El matrimonio es permanente, y fue creado para toda la vida.

Como pastor he dirigido muchas bodas, y es usual que, durante la ceremonia, la pareja lea o declare los votos matrimoniales pensados para ese momento. Anteriormente, solo repetían lo que el pastor les decía. Pero ahora, ellos mismos lo escriben y lo expresan. Algunos hacen poemas, otros hasta se atreven a cantar. También hay votos que parecen un contrato social donde dicen cosas como: «Te amaré cuando brille el sol». Esto me lleva a preguntarme: Qué ocurriría cuando el sol no brille: ¿Se divorciaría? Escuché también la siguiente expresión: «Te quiero porque me haces sentir bien». Y el día que no lo haga sentir bien, entonces, ¿se divorciará?

El amor es incondicional y no depende de la belleza ni del brillo del sol.

El matrimonio es, entonces, un antídoto contra la soledad y el escenario donde se forma la conexión más significativa entre dos seres humanos que logran tener una visión completa de la vida. Todos hemos tenido amigos y compañeros en el colegio, la universidad o aun de la iglesia que conocemos desde que éramos jovencitos, y esto es muy lindo. Pero no hay ninguna relación tan valiosa como la de un matrimonio. Ya que, al unirse, el hombre y la mujer se convierten en «una sola carne» (Marcos 10:6-9 RVR1960), y esta unión no debe romperse porque es obra de Dios.

2. El matrimonio es multiplicación y continuidad

La familia es como un árbol frondoso que da fruto. Sus raíces profundas (la pareja) proveen estabilidad y nutrientes, mientras que las ramas (los hijos) crecen fuertes y saludables bajo ese sustento. Por lo tanto, el matrimonio también tiene como propósito la multiplicación de la raza humana.

En Génesis 1:28, Dios ordenó: «Fructificad y multiplicaos; llenad la tierra (…)». A través del matrimonio se cumple este mandato, que por cierto es el único mandamiento que el hombre ha hecho correctamente, pues hoy, en el mundo, hay más de ocho billones de seres humanos.

También el texto de Malaquías 2:15 dice: «¿No te hizo uno el Señor con tu esposa? En cuerpo y espíritu, ustedes son de él. ¿Y qué es lo que él quiere? De esa unión quiere hijos que vivan para Dios. Por eso, guarda tu corazón y permanece fiel a la esposa de tu juventud» (NTV).

El Señor te hizo uno con tu cónyuge, y de esa unión es posible que nazcan hijos que vivan para Dios y crezcan bajo una cobertura de amor, protección y guía espiritual.

3. El matrimonio es protección y formación del carácter
Cuando los hijos crecen dentro de un ámbito familiar estable y funcional, son más saludables emocional, espiritual y físicamente. Además, el matrimonio es un laboratorio para la formación del carácter, donde aprendemos a amar de manera incondicional, a perdonar y a servir, reflejando así el amor de Cristo por Su iglesia (Efesios 5:25 NTV).

Al nacer, un bebé no puede defenderse solo, alguien tiene que alimentarlo, protegerlo y cuidarlo. No puede limpiarse ni cambiarse el pañal o tomar el biberón. Los padres están para ayudarlo. Así los padres se transforman en una poderosa protección para sus hijos. No hay mejor seguro de vida ni cobertura para ellos que los padres que obedecen a Dios. De esta manera están cubriéndose en salud a sí mismos y a los niños.

Por ejemplo, cuando una pareja enfrenta un conflicto, en lugar de discutir, deciden hablar al respecto y orar juntos para buscar una solución en unidad. Este acto no solo fortalece su relación, sino que les enseña a sus hijos el valor del respeto mutuo y la dependencia de Dios. Qué mejor manera de enseñarles que sujetando nuestro carácter, y entregando nuestras inseguridades y ansiedades a los pies del Señor.

> "El matrimonio es un laboratorio *para la formación* del carácter."

El propósito de la vida es crecer en todos los aspectos, ya que ella no se trata solo de ti, sino también de los demás. Estoy convencido de que la verdadera felicidad viene de amar, de ser generosos, de servir. Así que, el matrimonio es el curso que Dios diseñó para ayudarnos a cambiar y formar nuestro carácter a Su manera. Ya que, al contraer matrimonio, dejas de pensar solamente en ti y comienzas a pensar también en el otro. Y la herramienta principal que Dios utiliza para ayudarte a madurar y a formar el carácter, es tu cónyuge.

Verdades fundamentales del matrimonio

1. Es un diseño divino
Como ya hemos hablado en anteriores capítulos, el matrimonio no es un invento humano, sino una idea concebida por Dios. Desde el principio, Él estableció que sería la unión entre un hombre y una mujer, y fue diseñado para ser permanente. Este compromiso refleja la fidelidad de Dios hacia nosotros.

Así como un arquitecto diseña un edificio con un propósito claro y específico, Dios diseñó el matrimonio para cumplir Su plan perfecto en la humanidad.

2. Reflejo de nuestra relación con Cristo
El apóstol Pablo utilizó el matrimonio como una metáfora para ilustrar la relación entre Cristo y Su Iglesia. No utilizó ninguna otra relación como ejemplo, sino la del matrimonio. En Efesios 5:25-27 dice: «Maridos, amad a vuestras mujeres, así como Cristo amó a la iglesia, y se entregó a sí mismo por ella, para santificarla, habiéndola purificado en el lavamiento del agua por la palabra, a fin de presentársela a sí mismo, una iglesia gloriosa, que no tuviese mancha ni arruga ni cosa semejante, sino que fuese santa y sin mancha» (RVR1960).

La Palabra nos insta a amar a nuestra pareja como Cristo amó a la Iglesia, sacrificándose por ella. Esta unión no es simplemente una relación terrenal, sino un reflejo de una profunda verdad espiritual. Al igual que un espejo limpio que refleja la luz del sol, el matrimonio refleja el amor de Cristo al mundo.

3. Una relación de cooperación, no de competencia
El matrimonio no se trata de saber quién tiene la razón, sino de colaborar y buscar el bienestar mutuo. Los roles dentro del matrimonio, aunque son diferentes, tanto biológica, como psicológica o emocionalmente, también son complementarios. El egoísmo es el mayor enemigo de la relación matrimonial. Cada uno busca lo suyo y tira para su lado hasta herirse y faltarse el respeto. Pero un matrimonio solo puede funcionar cuando ceden sus derechos y privilegios y se rinden a Cristo, ubicándolo como prioridad en la relación.

> "El matrimonio no es un *invento* humano, sino una *idea concebida* por Dios."

Un esposo y una esposa deciden establecer sus planes familiares juntos, respetando las ideas del otro. Deben comunicarse y conversar por largas horas sobre los pensamientos de cada uno al respecto de este tema. Este ejercicio de cooperación fortalece la relación y demuestra la importancia de trabajar en equipo.

Desafíos y compromisos

Dios creó el matrimonio para la construcción de la sociedad. El matrimonio es el bloque fundamental de cada comunidad, de cada iglesia, de cada nación y de cada cultura. Históricamente, los matrimonios fuertes forjaron culturas y naciones fuertes. Desgraciadamente, en la actualidad, ya no se valora la familia. Vivimos en un mundo individualista, egocentrista, que solo piensa en sí mismo y en su propia satisfacción. Es por eso por lo que tenemos claro que la Iglesia de Cristo es la única que puede salvar la tierra y preservarla.

La Biblia dice en Proverbios 14:34: «La justicia engrandece a la nación, pero el pecado es la deshonra de cualquier pueblo» (NTV). Por lo tanto, si no hay construcción de familias, no es posible construir una nación.

> "El egoísmo *es el mayor enemigo* de la relación matrimonial."

Para ello es esencial que las parejas dediquen tiempo para recordarse mutuamente su amor y compromiso. Esto incluye acciones como:

- Declarar su amor y gratitud por el otro.
- Renovar los votos matrimoniales, reafirmando la promesa de estar juntos hasta que Cristo regrese.
- Orar juntos y buscar la guía del Espíritu Santo para fortalecer su unión.

La Palabra nos enseña en Eclesiastés 4:12: «Alguien que está solo puede ser atacado y vencido, pero si son dos, se ponen de espalda con espalda y vencen; mejor todavía si son tres, porque una cuerda triple no se corta fácilmente» (NTV). La «tercera cuerda» es Cristo, quien sostiene el matrimonio y lo fortalece frente a cualquier adversidad. Una cuerda trenzada por tres cordones es mucho más resistente que una simple. Cuando Cristo está en el centro del matrimonio, la unión es más fuerte y capaz de resistir cualquier prueba.

Es por ello por lo que debemos afirmar que el matrimonio es mucho más que una relación romántica o un simple acuerdo social. Es un pacto sagrado, diseñado por Dios para reflejar Su amor, para formar familias fuertes y para glorificar Su nombre. Al vivir conforme a este diseño, las parejas pueden experimentar una unión que trasciende lo terrenal y se convierte en un testimonio vivo del amor de Dios para el mundo. Cada matrimonio debe ser una luz que brilla en la oscuridad, mostrando el poder transformador de Cristo y el diseño perfecto de nuestro Creador.

> "El matrimonio es mucho más que una *relación romántica* o un simple acuerdo social."

"Cada matrimonio debe ser una luz que brilla en la oscuridad, mostrando el poder transformador de Cristo."

CAPÍTULO 4

EL AMOR BIEN ENTENDIDO

Nací en Cartagena, Colombia, y a lo largo de los años he notado un hecho curioso: los gobiernos parecen estar más interesados en enseñar a sus ciudadanos a manejar un vehículo que a manejar un matrimonio. Tal vez por eso, un automóvil suele durar más que un matrimonio. Para poder manejar cualquier clase de vehículo, desde una moto a un gran camión, debes hacer un curso especial para cada caso, y obtener una licencia de conducir donde debes rendir un examen teórico, otro de aptitud física y, finalmente, un examen práctico. En cambio, para poder casarte, lo único que tienes que hacer es presentarte ante las autoridades civiles legales de tu nación y en pocos minutos firmar unas constancias ante algunos testigos y finalmente te entregan un certificado firmado por las autoridades donde consta que la pareja está legalmente casada.

¿El resultado? Muchos matrimonios fracasan, no por falta de amor, sino por falta de entendimiento y preparación. El amor, aunque es esencial, no es suficiente para garantizar el éxito de una relación. Es el conocimiento, la comprensión mutua y la disposición para trabajar en pareja, lo que sostiene un matrimonio.

Uno de los mitos más comunes acerca del matrimonio, es creer que necesitamos encontrar una pareja y casarnos para ser felices. Sin embargo, la realidad es otra: no nos casamos para encontrar la felicidad, sino porque ya somos felices. Si dependemos de otra persona para llenar ese vacío, el matrimonio se vuelve insostenible.

También existe la creencia de que el amor todo lo puede. Muchas personas se casan pensando que su amor será suficiente para superar cualquier obstáculo. Conversé con varias parejas que se han divorciado y me dijeron que el fracaso de su matrimonio fue que existieron fuerzas más grandes que el amor que sentían el uno por el otro. Entre ellas estaban la falta de conocimiento, la infidelidad, la falta de comunicación, la irresponsabilidad y los malos hábitos.

El amor, por sí solo, no salva matrimonios; necesitamos sumarle conocimiento, acción y compromiso. Puedes amar mucho a tu pareja, pero si no sabes cómo funciona un matrimonio, estás en problemas.

La importancia del conocimiento y la comunicación

Un matrimonio exitoso es el resultado de aplicar conocimiento, sumado al amor. Amar sin saber cómo funciona una relación de pareja es como conducir un automóvil sin saber manejar. Muchas mujeres, por ejemplo, se casan con hombres que muestran comportamientos problemáticos, pensando que el amor los cambiará. Pero si alguien fue infiel o irresponsable antes de casarse, el matrimonio no lo transformará. Porque la infidelidad no es un error, es una decisión.

Del mismo modo, algunas mujeres creen que tener un hijo «amarrará» a su pareja. Sin embargo, un hijo no resuelve problemas; al contrario, puede intensificarlos.

El conocimiento nos permite saber cómo comunicarnos, resolver conflictos y construir una relación basada en el respeto mutuo. Sin ese conocimiento, el matrimonio se convierte en una fuente de frustración y desgaste. Cuando no sabes arreglar un desacuerdo sin pelear, el matrimonio se agota. Existen muchos matrimonios que podrían haberse salvado, pero no estaban bien equipados con el conocimiento necesario, y eso agota. La Biblia relata con simpleza que el pueblo «fue destruido, porque le faltó conocimiento» (Oseas 4:6 RVR1960). El problema es que esa ignorancia a la que se refiere Oseas, la terminamos trasladando a nuestros hijos, a quienes guiamos a cometer los mismos errores.

Por otro lado, muchas parejas no saben cómo manejar sus emociones. En lugar de resolver desacuerdos de manera saludable, recurren a gritos, discusiones o silencios. Estas conductas no solo dañan la relación, sino que también afectan a los hijos, quienes heredan patrones de comunicación tóxicos.

Las mujeres deben ser sabias al momento de la discusión en pareja. Muchas gritan como locas y hacen volar las cosas de la casa sin hacer magia. No tienen en cuenta la importancia de la comunicación.

Es por eso por lo que la comunicación efectiva es esencial en cualquier matrimonio. Tanto el hombre como la mujer tienen formas diferentes de expresarse y entenderse, y esto puede generar conflictos si no se abordan con sabiduría. Por ejemplo, el hombre debe aprender a leer entre líneas cuando se comunica con la mujer. Cuando le pregunta a su esposa qué le pasa y ella dice: «No me pasa nada». Debe ser lo suficientemente astuto para entender que sí le pasa algo y debe descifrar qué es. El hombre debe aprender a preguntar con empatía. Hay hombres que no se saben comunicar, y la mujer piensa que se están comunicando, pero en verdad, no la está entendiendo.

Muchos no saben cómo tratar las emociones, pues es algo que no nos lo enseñaron en casa, y ahora debes aprenderlo, ya que no sabes cómo arreglar un desacuerdo sin pelear.

Amores diferentes

El amor es uno de los conceptos más malinterpretados en nuestra sociedad. Tenemos expectativas irreales acerca de lo que en verdad es el amor. En la Biblia se describen cuatro tipos de amor:

- *Fileo*: el amor entre amigos o hermanos.
- *Eros*: el amor erótico o pasional.
- *Storge*: el amor familiar y de lealtad.
- *Ágape*: el amor divino, que perdona y es incondicional.

El único amor capaz de sostener un matrimonio a largo plazo es el ágape, porque es el amor que Dios nos da y que no depende de nuestras emociones o circunstancias. Los demás tipos de amor pueden fallar, pero el amor ágape es eterno y transformador.

Como dice Romanos 5:5, el amor de Dios ha sido derramado en nuestros corazones por el Espíritu Santo. Este amor no se basa en atracción física ni en reacciones químicas del cerebro, sino en una decisión consciente de valorar y cuidar a la otra persona.

Debemos entender que el verdadero amor no se basa únicamente en las emociones. Cuando alguien atractivo te gusta, eso no es amor, sino una reacción química estimulada por lo que ve. El cerebro genera una serie de reacciones, una de ellas es química, es la adrenalina, es lo que llamamos pasión irracional, que suele confundirnos. Pero es simplemente una emoción que, después de la boda y la luna de miel, se acaba.

Muchos confunden el amor con la adrenalina. Por eso cometen adulterio. Creen estar enamorados de otra persona, cuando lo que realmente existe es una atracción física.

El amor es mucho más que una emoción pasajera, es un compromiso, una decisión. Es entender el valor de la otra persona a la que decides cuidar. Si compras un automóvil que te costó mucho dinero, seguramente lo cuidarás y le brindarás el mantenimiento que necesita, porque sabes cuánto te costó. De la misma forma, cuanto más valoras a alguien, te esforzarás por cuidarla. Alguien que es capaz de destruirte mental y emocionalmente no debería llamarse el amor de tu vida.

Dios te ama, ya que se ve a sí mismo reflejado en ti, y te valora, por eso NO quiere que vayamos al infierno. Él rechaza la idea de no verte en el cielo, ya que fuimos hechos a Su imagen y semejanza. El valor que Dios puso sobre ti fue tan alto que tuvo que pagar un precio enorme al enviar a Su Hijo Jesús a morir por tu vida, y por la mía.

Límites saludables y prioridades

Cuando una esposa acepta casarse, le está diciendo «NO» al resto de los hombres, inclusive a aquellos que la deseaban. Cuando un hombre decide casarse, le está diciendo que «NO» al resto de las mujeres, inclusive a aquellas que lo deseaban. Ambos renunciaron a todo. Ese renunciamiento deviene como resultado del amor y el respeto por el compromiso asumido por amor. Esto representa la responsabilidad de poner límites a las emociones como resultado del compromiso asumido y la palabra empeñada. Tener límites claros forma parte de un matrimonio saludable.

Y deben establecerlos no solo entre ellos, sino en diversas áreas, como la familia extendida, las amistades, el trabajo, etc. La pareja debe ser siempre la prioridad. Porque la persona que verdaderamente te ama, no te dejará, porque siempre estará buscando una razón más para seguir amándote.

Si, por ejemplo, alguno de los padres de los integrantes del matrimonio quiere visitarlos, y en una llamada telefónica le manifiesta sus deseos de ir a verlos, antes de aceptar debe consultar con el cónyuge, demostrando así respeto por la pareja.

El amor es una fuerza decidida. Imagina si Dios respondiera a nuestras ofensas como nosotros lo hacemos con otros; nunca habríamos recibido redención. El amor ágape no se basa en sentimientos efímeros, sino en un compromiso estable.

> "Tener *límites claros* forma parte de un matrimonio *saludable.*"

Después de varios años de matrimonio, suele pasar que ya no nos vemos igual físicamente que cuando nos casamos. Pero hay algunos hombres que se atreven a decirles a sus esposas que ya no son las mismas que cuando se casaron, que ahora están gordas y arrugadas, algo totalmente lógico luego del paso del tiempo. Lo gracioso es que los hombres creen que el tiempo no ha pasado por sus cuerpos a pesar de que están calvos, con barriga y mal aliento.

Hombres, recuerden que sus esposas desean ser admiradas y valoradas. Muchas mujeres se esfuerzan por arreglarse para sus esposos, pero ellos apenas lo notan y, en cambio, dirigen su atención a otras mujeres. Esto no solo es desconsiderado, sino también destructivo para el matrimonio.

Un esposo no puede llamarse un hombre verdadero si le saca lágrimas a su mujer y risitas a sus amigas. Pero se le llama burro a aquel que cambia el amor y respeto hacia su mujer, para ir en busca de la mujer de todos. Solo un tonto cambiaría un bombón por un chicle masticado.

Un verdadero hombre no es el que ama a un millón de mujeres, sino aquel que ama a su esposa un millón de veces. Trata de estar con alguien que valore lo que eres. Si bien es cierto que el amor verdadero perdona, yo pienso que el verdadero amor ni siquiera se atrevería a herir y a lastimar a otra persona.

Las mujeres, por otro lado, deben vestirse decorosamente ante los demás, no de forma provocativa, ya que se transforman en el foco de atención de otros hombres a su alrededor, dejando a su esposo en vergüenza y expuesto ante los demás. El respeto debe ser mutuo para que los demás también puedan respetarlos de la misma forma.

El amor no es solo un sentimiento; es un mandamiento. El texto de Juan 13:34 nos insta a amarnos unos a otros, así como Jesús nos amó. Esto incluye amar a nuestra pareja, incluso en los momentos más difíciles.

Dios nos da el ejemplo perfecto de amor al enviar a Su Hijo a morir por nosotros. De esta manera mostró cuán valiosos somos para Él. Así debemos valorar y cuidar a nuestra pareja, renunciando a todo lo que pueda dañar la relación. El amor bien entendido es un reflejo del amor de Dios: paciente, perdonador y eterno.

CAPÍTULO 5

LICENCIA PARA CASARSE

Debo confesar que me encantan los aviones, los amo, pero no sé pilotarlos. Me gusta volar en avión, pero no puedo manejar uno. Lo mismo pasa con el matrimonio: amar algo no significa que sepas manejarlo. En el matrimonio, no solo es importante el amor, sino también el conocimiento y la sabiduría.

«La sabiduría es lo primero. ¡Adquiere sabiduría! Por sobre todas las posesiones, adquiere discernimiento. Estima a la sabiduría y ella te exaltará; abrázala y ella te honrará» (Proverbios 4:7-8 NVI).

Es fundamental entender cómo llevar una familia a otro nivel. Este conocimiento puede salvar tu matrimonio e incluso ayudar a otros a salvar el suyo. Hoy vemos ataques constantes contra la familia en todos los aspectos. Por eso, debemos entender que el matrimonio es una de las decisiones más importantes de la vida, después de aceptar a Cristo como Señor y Salvador.

Dios no te obliga a que lo reconozcas como tu Salvador; tú tomas esa decisión. Lo mismo pasa con el matrimonio: tú eliges a tu pareja. Dios no escoge por ti. Por eso no podemos decir: «La pareja que Dios me dio». Dios te ha dado Su Palabra, el discernimiento del Espíritu Santo, la guía de tus padres, pastores y líderes. También te dio un cerebro para pensar bien.

Una vez conocí a una pareja que llegó a la iglesia buscando ayuda. Estaban a punto de divorciarse después de diez años de casados. Al preguntarles sobre su preparación para el matrimonio, ambos confesaron que no habían recibido ninguna orientación. «Pensamos que el amor era suficiente», dijeron. Tras meses de consejería y aplicación de principios bíblicos, lograron restaurar su relación. Esto demuestra que el conocimiento puede cambiar el rumbo de un matrimonio.

> "Amar algo *no significa* que sepas manejarlo."

Generalmente, las iglesias ofrecen cursos prematrimoniales, pero algunos no asisten y luego enfrentan problemas en su relación. Por esa razón, elegir una pareja debe ser una decisión tomada cuidadosamente. Si Dios escogiera a tu pareja, podrías culparlo si algo sale mal. Pero como esa decisión es tuya, debes usar las herramientas que Dios te ha dado para tomarla sabiamente.

¿Qué mujer no ha soñado con casarse con su «príncipe azul»? Para muchas, este anhelo comienza desde la infancia, pero con el tiempo, puede convertirse en una gran desilusión cuando el matrimonio revela aspectos ocultos que el amor inicial no alcanzó a discernir.

Este fue el caso de una mujer de nuestra iglesia, quien, cercana a los 30 años y con una carrera profesional destacada, sentía la presión de formar una familia. Un día, en su trabajo conoció a un hombre que recién había ingresado a la empresa. La atracción fue mutua, y ella, firme en sus convicciones cristianas, le expresó que solo podía estar con un hombre que amara a Jesús y compartiera su fe.

Él, conmovido y entusiasmado, aceptó asistir a la iglesia y entregó su vida a Cristo. Todo parecía ir bien. Formalizaron su noviazgo y al poco tiempo él le propuso matrimonio. Como pastores, nos reunimos con ella para hablar del tema. Le sugerimos que esperara un poco, que se tomara el tiempo para observar si el compromiso espiritual que él tenía era real y maduro. Aunque nos escuchó con respeto, decidió seguir adelante con sus planes.

> "Dios *no escoge* por ti. Tú eliges a tu pareja."

Pronto se casaron y al principio, todo parecía marchar según lo esperado, No pasó mucho tiempo hasta que todo empezó a cambiar. Su esposo comenzó a alejarse de la iglesia, a desinteresarse por las cosas de Dios, y las discusiones se volvieron frecuentes. Ella comenzó a ver actitudes que jamás imaginó y, con dolor, descubrió que aquel hombre no era quien había creído conocer. Finalmente, él decidió terminar la relación.

Devastada, ella buscó ayuda espiritual. Fue así como iniciamos un proceso de sanidad y entrega total a Dios. En medio del dolor, eligió confiar en el Señor. Tiempo después, su esposo accedió a hablar con nosotros. Aunque al principio no tenía intención de restaurar el matrimonio, comenzó también un proceso de consejería y transformación personal.

Tiempo después, tocado por el amor de Dios, él mismo expresó su deseo de reconstruir la relación. Así comenzó una etapa de restauración matrimonial, y para la gloria de Dios, ese matrimonio que parecía destruido fue completamente restaurado.

Hoy, ambos sirven activamente en la iglesia, con un testimonio poderoso que confirma una gran verdad: el amor romántico no es suficiente para sostener un matrimonio, pero la obediencia a Dios siempre abre la puerta a la bendición.

El amor, por sí solo, no sostiene un matrimonio

Porque Dios no solo repara matrimonio, también restaura a las personas que han amado, sufrido y perseverado. Y cuando Su voz guía nuestras decisiones, lo que parece imposible, se transforma en propósito.

Muchas personas llegan al matrimonio sin entender sus roles, arrastrando enseñanzas que no funcionaron para sus padres.

El matrimonio no fue creado para hacerte feliz, sino para hacerte santo, y esa santidad te llevará a la felicidad.

Dios no creó a Eva porque Adán estaba desesperado. En Génesis capítulo 2, Dios creó a Adán y le trajo todas las aves y animales del campo para que les colocara nombre. Pero Dios vio que no era bueno que el hombre estuviera solo, por eso lo hizo entrar en un sueño profundo y, mientras dormía, creó a la mujer. Tomó unas costillas de su costado y cerró la carne en su lugar y Dios hizo una mujer. Entonces Adán, no Dios, dijo: «Entonces Jehová Dios hizo caer sueño profundo sobre Adán, y mientras este dormía, tomó una de sus costillas, y cerró la carne en su lugar. Y de la costilla que Jehová Dios tomó del hombre, hizo una mujer, y la trajo al hombre. Dijo entonces Adán: Esto es ahora hueso de mis huesos y carne de mi carne; esta será llamada Varona, porque del varón fue tomada» (Génesis 2:21-23 RVR1960).

Fue tanta la impresión que le generó la belleza de la mujer que tenía enfrente, que Adán comenzó a profetizar y le puso nombre a la mujer. Una mujer de Dios inspira a su esposo a profetizar. Mientras que una mujer necia, como la de Job, lo lleva a maldecir.

Recuerdo la historia de una mujer que asistía sola a la iglesia porque su esposo había dejado de servir a Dios. Sin embargo, ella decidió mantenerse firme en su fe y permanecía aferrada a la promesa de Josué 24:15: «Yo y mi casa serviremos al Señor». Su constancia en la fe logró que su esposo regresara a los caminos de Dios. Esto demuestra que una mujer sabia puede ser una gran influencia en su hogar.

«En ese tiempo el hombre y la mujer estaban desnudos, pero no se avergonzaban» (Génesis 2:25 NVI). Adán no buscó a una mujer; Dios se la trajo. ¿Qué haces tú buscando pareja en redes sociales? Hoy muchas mujeres y hombres llegan al matrimonio sin idea de lo que verdaderamente implica.

Quien escoge el marido de la hija no es ella, sino su papá. La mamá es la que da las enseñanzas, pero el papá es quien te da el patrón, el modelo. Puedes ser una buena madre, pero la primera relación idílica amorosa que tiene una hija, sin malinterpretaciones, es con su papá. Ellos son quienes influyen en la decisión a la hora de escoger pareja. Por eso es importante tener un verdadero encuentro con el Padre Celestial para poder filtrar todas las impurezas de nuestros padres.

> "Una mujer sabia puede ser una *gran influencia* en su hogar."

El amor no es suficiente para mantener un matrimonio, ya que es una reacción química y pasajera que puede cambiar con la próxima persona atractiva que veas. Por lo tanto, si te divorcias, y no condeno a nadie por eso, quiere decir que una fuerza mayor hizo que tomaras esta decisión. ¿Y cuáles fueron esas fuerzas? La infidelidad, el abuso físico, la negligencia, el descuido y muchas otras. Así que el ingrediente principal en el matrimonio es el conocimiento.

«Vosotros, maridos, igualmente, vivid con ellas sabiamente» (1 Pedro 3:7 RVR1960). Debes vivir con tu esposa sabiamente, no solo amorosamente. La sabiduría y el conocimiento sostienen un matrimonio. Muchas personas no saben manejar conflictos ni resolverlos.

Por eso, no solo te enamores con el corazón, sino también con la cabeza. Conocer y aplicar la Palabra de Dios es lo que realmente une y fortalece el matrimonio.

Recuerdo el testimonio de un matrimonio que estuvo al borde del divorcio. El esposo admitió que había actuado con orgullo, tomando decisiones sin consultar a su esposa. Ella, por su parte, confesó que lo había menospreciado delante de sus hijos. Al aprender sobre los roles bíblicos y practicar la comunicación sabia, reconstruyeron su hogar. «Nos dimos cuenta de que el amor no era suficiente; necesitábamos sabiduría», dijeron.

El matrimonio no te hace feliz; la felicidad debe ser tu punto de partida. Si buscas en tu pareja lo que solo Dios puede darte, fracasarás. Un matrimonio fundamentado en la Palabra de Dios y en Su conocimiento, tiene mayores probabilidades de superar las pruebas.

En resumen, el amor no es una licencia para casarte. El conocimiento, la sabiduría y la guía divina son las claves para construir un matrimonio duradero. Recuerda que el matrimonio no es para hacerte feliz; es para hacerte santo. Y en esa santidad, encontrarás la verdadera felicidad.

"Conocer y aplicar la Palabra de Dios es lo que realmente une y fortalece el matrimonio."

CAPÍTULO 6

UN MATRIMONIO HECHO EN EL CIELO

Un matrimonio bendecido no es aquel que no enfrenta pruebas, sino aquel que las supera entendiendo que lo que Dios unió no lo separará el hombre. Nuestros hijos están llamados a servir a Dios; entonces, la visión divina da sentido al matrimonio. Josué declaró: «Mi casa y yo serviremos a Jehová». Como cristianos tomados del Espíritu Santo, creemos en el matrimonio como institución divina y eterna.

El matrimonio de Adán y Eva es un ejemplo poderoso. Tal vez creas que no fue bendecido, pero reflexionamos al darnos cuenta de que su unión sobrevivió a la caída por el pecado, al destierro del Edén, a la muerte de Abel y al juicio de Dios. Pese a estas adversidades, permanecieron juntos.

En la actualidad, muchas parejas se separan por pequeñas diferencias. Sin embargo, un matrimonio bendecido no es el que evita problemas, sino el que los enfrenta con la firmeza de saber que lo que Dios unió, no debe ser separado.

En el principio, Dios diseñó el matrimonio con un propósito claro: reproducir vida, tanto física como espiritual. A pesar del pecado, Adán y Eva cumplieron con el plan de Dios al ser los progenitores de toda la humanidad.

> "La visión divina *da sentido* al matrimonio."

Características de un matrimonio hecho en el cielo

1. Visión y propósito divino

Un matrimonio celestial tiene un propósito divino, de lo contrario está destinado a fracasar, ya que tiene un objetivo definido. Muchas parejas modernas, influenciadas por un estilo de vida individualista, carecen de una visión unificada. En cambio, cuando un matrimonio comparte un sueño y camina en acuerdo, su unión prospera.

Cuando decides unirte en matrimonio, quien te bendice es Dios. Por eso, cuando te casas por lo civil, luego necesitas casarte por la iglesia. Porque un juez no es quien te bendice, sino Dios a través del hombre.

Cuando Dios les pidió a Adán y a Eva que «fructifiquen», significa que tenían la bendición para prosperar. Y decirles que se «multiplicaran» implicaba la procreación. Sin embargo, encontramos algunas mujeres que evitan tener hijos para que su figura no se les «desarme» o para priorizar su carrera profesional.

En la actualidad, los matrimonios no quieren tener hijos, pero adoptan un perro. Aunque esto no es malo, la función primordial del matrimonio es formar una familia, y este mandato incluye la procreación. Es por ello por lo que, muchas veces, las parejas sin propósito terminan divorciándose.

Muchos se separan al estilo Hollywood. Es que muchos actores siempre van por su lado, tienen una visión propia, quieren su propia carrera, y no tienen un sueño unido.

Cuando hablamos de la familia y de su procreación, también nos referimos a la procreación espiritual. La Iglesia es el lugar donde la congregación, como familia, camina hacia un mismo destino: Cumplir con la Gran Comisión.

> "Un juez *no es quien te bendice*, sino Dios a través del hombre."

La visión de servir a Dios da sentido a todo lo que hacemos como familia: desde comprar una casa hasta criar hijos. Si el propósito de tu matrimonio no es servir a Dios, ¿de qué sirve todo lo demás que hagas en la tierra? ¿Para qué comprar una casa, para qué comprar un automóvil, si no sirves a Dios? La vida que hemos recibido nos la dio para servirle. Nos puso en la iglesia para que cada miembro sea activo en el cuerpo de Cristo. Pequeños, grandes, mayores, jóvenes, todos estamos en el mismo barco, con una misma visión.

Durante 120 años Noé predicó y nadie le escuchó, excepto su familia, la cual se salvó. Así que, cuando tu familia es salva, aunque todo el mundo no te haya creído, tú ganaste. Todos trabajaban y anhelaban lo mismo, la salvación de la humanidad. El arca no fue construida para los animales, sino para la gente, pero increíblemente los animales entraron a la barca sin problema, no así los hombres. Pareciera que ellos tienen más sentido común que los seres humanos.

Hoy nuestra Iglesia es el arca para recibir a tu familia. Para que ingresen todos y compartan la misma visión. Por esa razón, Josué afirmó: «Mi casa y yo serviremos a Jehová». El propósito divino es una visión definida y un propósito de procreación. Ese es el motor que mantiene un matrimonio unido.

2. Roles definidos

El matrimonio creado en el cielo conoce el rol de cada uno de sus integrantes. Dios creó al hombre primero y lo puso en el Edén para trabajar, cuidar y proteger. Esto manifiesta que el hombre es el proveedor y protector del hogar. Por eso, cuando los hombres se encuentran y conversan, suelen preguntar: «¿En qué trabajas?». Y en su comunicación con otro hombre suelen intercambiar una comunicación financiera. Es que su identidad está ligada a su responsabilidad de proveer. La Biblia es clara al respecto: «Si alguno no quiere trabajar, tampoco coma» (2 Tesalonicenses 3:10 RVR1960), y «porque si alguno no provee para los suyos, y mayormente para los de su casa, ha negado la fe, y es peor que un incrédulo» (1 Timoteo 5:8 RVR1960).

En cuanto a la mujer, su rol es complementario. Dios diseñó su cuerpo para recibir y nutrir, no solo físicamente, sino también emocional y espiritualmente. La mujer, antes de sacar su tarjeta personal, muestra las fotografías de sus hijos. Incluso, anatómicamente, el cuerpo del hombre está diseñado para dar y el de la mujer para recibir. La fisonomía del hombre es la más fuerte, precisamente para cuidar a la mujer, que es mucho más delicada.

Ella es la ayuda idónea que influye positivamente en el hogar. Dios le dio autoridad al hombre, pero le entregó influencia a la mujer. Pero alguien que no tiene buena influencia, no puede ser tu ayuda.

Es por ello que, cuando los roles se invierten, surgen problemas. Por ejemplo, en la Biblia, fue a Adán a quien Dios le dijo que no comiera del árbol. Pero al parecer no se lo comunicó a Eva o lo hizo mal. Finalmente, Eva lo influenció para desobedecer.

Al igual que Sara, quien impulsó a Abraham cuando le dijo: «Acuéstate con Agar». Todo se derrumbó, pues quien se suponía que le tenía que dar algo a él, no se lo dio y sí lo influenció para que no hiciera lo correcto. Sara influenció para realizar un plan humano que causó conflictos futuros.

No podemos permitir que, en los hogares cristianos, las mujeres tomen la autoridad y los hombres se refugien en la queja. Este desequilibrio crea hogares disfuncionales.

Así que a la mujer le pido que ayude al esposo a que sea la cabeza del hogar. Es preferible que él se equivoque y que aprendan juntos, a que sea la mujer la que tenga el mando. Permita que su esposo asuma su rol, porque el orden divino trae bendición y es claro: El hombre debe ser la cabeza del hogar, liderar con amor y estar sometido a Cristo.

3. Compañerismo constante

La tercera característica de un matrimonio celestial es el compañerismo. El hecho de que Dios haya pensado que el hombre no puede estar solo, subraya la importancia de que la pareja comparta tiempo y actividades. Muchos matrimonios se distancian porque cada uno persigue intereses diferentes.

En la actualidad, grupos de amigos se van a pasear, a jugar fútbol o salen en grupos. Una de las peores cosas que le puede pasar a un matrimonio es que nunca compartan actividades, que no sean compañeros.

Por ejemplo, Adán le dijo a Dios: «La mujer que me diste por compañera». Pero cuando la serpiente se le apareció a Eva, Adán no estaba con ella. Él tenía que estar con ella. ¿Por qué la dejó sola? Si hubiera estado con ella, tal vez las cosas habrían sido distintas.

El no estar juntos puede ocasionar situaciones como el adulterio. David es un claro ejemplo. Evidentemente, él no era compañero con su esposa, de hecho, tendría que haber ido a la guerra, y por no haber estado en el lugar que le correspondía, vio a Betsabé y cayó en adulterio. La falta de compañerismo abrió la puerta al pecado. Por eso, es vital que los esposos compartan tiempo de calidad.

Hoy en día, muchas parejas buscan «espacios» o «independencia» dentro del matrimonio, y esto solo genera distancia emocional. Si decidieron casarse, deben comprometerse a caminar juntos en todas las áreas de la vida.

Mi esposa y yo somos compañeros en todo. Ambos sabemos dónde está el otro y nos apoyamos mutuamente. Esto fortalece nuestra relación y evita que busquemos camaradería fuera de la pareja. Mi esposa es mi amiga, confidente y aliada. Somos un equipo, y nada ni nadie puede reemplazar ese lazo. Yo no pongo a competir a mi esposa con nadie, ella es mi compañera. Desde el momento en que nos casamos hacemos todo juntos. Si un matrimonio no cultiva el compañerismo, está dejando una grieta abierta para los conflictos.

El sueño de Dios

Un matrimonio hecho en el cielo no es perfecto ni está libre de pruebas, pero se caracteriza por tener un propósito divino, roles definidos y compañerismo constante. Al vivir bajo estos principios, las parejas no solo enfrentan los desafíos, sino que también construyen una unión fuerte y bendecida. Recordemos siempre las palabras de Josué: «Mi casa y yo serviremos a Jehová», porque un matrimonio centrado en Dios es inquebrantable. ¡Haz que el sueño de Dios también sea el tuyo!

"Si el propósito de tu matrimonio no es servir a Dios, ¿de qué sirve todo lo demás que hagas en la tierra?"

CAPÍTULO 7

EL PODER DEL AMOR

La Palabra nos enseña que los esposos deben amar a sus esposas como Cristo amó a la Iglesia. Por otro lado, también enseña: «Las ancianas asimismo sean reverentes en su porte; no calumniadoras, no esclavas del vino, maestras del bien; que enseñen a las mujeres jóvenes a amar a sus maridos y a sus hijos» (Tito 2:3-4 RVR1960).

Cuando se refiere a las «ancianas», no lo hace señalando a las mujeres de mayor edad. Al decir ancianas hacía referencia a aquellas mujeres de la iglesia que ocupaban cierto grado de liderazgo, no necesariamente cronológicamente adultas, sino maduras espiritualmente. Ellas debían enseñar a las jóvenes recién casadas a amar a sus maridos y a sus hijos.

Si la Biblia nos enseña a amar, y las mujeres debían recibir instrucción acerca de cómo amar a sus esposos, surge la duda... ¿No es el amor la razón por la cual nos casamos? Entonces, si eso no era amor, ¿qué es el amor?

Se supone que una pareja llega al altar impulsada por el amor que se expresa, por el sentimiento, la emoción del enamoramiento. Pero al tiempo se da cuenta de que les enseñaron a amar según los estándares del mundo, al estilo Hollywood. Tiempo después, esa pareja ya se ha divorciado, porque ambos viven discutiendo y tal vez hasta tienen relaciones extramatrimoniales. De hecho, escuché la noticia de que una de esas parejas de Hollywood, que aparentemente tenían una relación estable y de muchos años, habían decidido darse una licencia mutua para hacer lo que cada uno de ellos quisiera, totalmente autorizado por el otro.

El amor no es un sentimiento, es una decisión

El amor es una decisión. Por esa razón es que, aun después de casado, es necesario que nos enseñen cómo amar, pues cuando se va la fascinación de la luna miel y el príncipe azul cabalgando sobre un blanco corcel, desaparece, llega la realidad del amor.

Por lo tanto, cuando uno está de «no-vio», «no ve» las cosas como realmente son. Vemos a la otra persona sin errores, casi perfecta, pero eso es solamente una fantasía. Cuando la luna de miel se acaba, y comienza la convivencia, las cosas empiezan a cambiar. Aquella mujer a la que llamabas Dulcinea y que besaste apasionadamente toda la noche, hoy, años después, cuando te acercas, un aroma sale por su boca que no es propiamente a flores, la cosa empieza a cambiar. Empieza a surgir aquello que tú no conocías, y el amor «eros» también comienza a desvanecerse. Sin embargo, el amor con el cual la Biblia nos enseña a amar a nuestra esposa nunca deja de ser.

Muchos se casan atraídos por la otra persona como por un instinto animal, un impulso sexual de reproducción, pero eso no es amor, y con el tiempo deciden separarse aludiendo que ya no se aman. Es por eso que en consejería uno se encuentra parejas diciendo que ya no se aman. Allí es donde uno comienza a enseñarles que el verdadero amor no es lo que sintieron cuando se casaron. El verdadero amor es aquel que prometió amarse en la enfermedad y en la salud, en la pobreza o en la riqueza.

Luego de cincuenta años de casados, cuando la belleza disminuye, la cintura ya no es delicada y la espalda está algo encorvada por el peso de la vida, incluso cuando la dentadura ya no luce resplandeciente y los labios de cereza que besaste aquella noche apasionada, ya no son tan suaves... el amor verdadero perdura. Ese sentimiento profundo y al mismo tiempo diferente del inicial, permanece. Aunque la esencia de ese «te amo» declarado en el altar es importante, no tiene tanta validez como el «te amo» dicho después de tantos años de casados.

Posiblemente la pasión y la atracción física no existan de la misma forma que años atrás, pero existe algo más puro, que no nace de un sentimiento, sino de un corazón decidido. Ese es el amor ágape de Dios.

«Si yo hablase lenguas humanas y angélicas, y no tengo amor, vengo a ser como metal que resuena, o címbalo que retiñe. Y si tuviese profecía, y entendiese todos los misterios y toda ciencia, y si tuviese toda la fe, de tal manera que trasladase los montes, y no tengo amor, nada soy. Y si repartiese todos mis bienes para dar de comer a los pobres, y si entregase mi cuerpo para ser quemado, y no tengo amor, de nada me sirve» (1 Corintios 13:1-3 RVR1960).

Si lo que hago, no es por amor, no funcionará. Es necesario recordar que amar es pensar en el beneficio del otro a pesar de que uno no obtenga ninguno. ¡Eso es amor!

El amor es sufrido... ¿En serio?

El amor es sufrido. Y nadie lo entiende hasta que se casa. Pasa por desplantes, por esperar cambios que no llegan, por convivencias difíciles, a pesar de los detalles que tienes hacia la otra persona.

«El amor es sufrido, es benigno; el amor no tiene envidia, el amor no es jactancioso, no se envanece; no hace nada indebido, no busca lo suyo, no se irrita, no guarda rencor; no se goza de la injusticia, mas se goza de la verdad. Todo lo sufre, todo lo cree, todo lo espera, todo lo soporta» (1 Corintios 13:4-7 RVR1960).

Ese «todo lo espera» que enuncia este texto es clave, porque significa que tarde o temprano, toda la siembra de amor que realices en tu matrimonio dará fruto. Porque el amor nunca deja de ser.

Si optaste por caminar en amor, tal vez al principio no veas resultados, no veas cambios, pero la opción de amar es mucho mejor que la de odiar. La Palabra de Dios nos enseña que no nos cansemos de hacer el bien, porque a su tiempo segaremos, si no desmayamos. Tarde o temprano, todos los esfuerzos hechos se tornarán en resultados beneficiosos para la familia y para ti. Y finalmente nunca serás avergonzado, porque el amor de Dios nunca traerá vergüenza a tu vida.

El desarrollo del capítulo 13 de la primera epístola a los corintios no es una poesía, sino una aplicación del amor de Dios en ti. Tal vez creas que ya lo has intentado todo, pero el divorcio no es la salida a los problemas en el matrimonio.

Algunos me dicen: «Pastor, es que ya yo he intentado todo. No la amo más. De hecho, creo que ni siquiera me he casado enamorado». Puede ser que no te hayas casado enamorado, pero el verdadero amor se desarrolla durante la relación. Así que, si decides separarte basado en tus sentimientos, estás tomando una decisión equivocada. Porque la felicidad marital está dentro de tu control.

Encontramos evidencia de ello en Efesios 5:25, que dice: «Maridos, amad a vuestras mujeres, así como Cristo amó a la iglesia, y se entregó a sí mismo por ella»» (RVR1960). Muchas veces, cuando somos amados, rechazamos ese amor, así como le sucedió a Jesús cuando estaba siendo castigado y humillado. El mismo Pedro, que decía amarle, lo negó y lo rechazó diciendo que no lo conocía (Mateo 26:67-74 RVR1960). ¿Qué hizo el Padre cuando caminábamos en medio de tanto pecado y maldad? Estaba amándonos. Aun Cristo nos amó cuando éramos pecadores (Romanos 5:8 RVR1960). No esperó que cambiáramos para amarnos. ¡Ahí está la clave!

Es fácil amar a una esposa dulce y amorosa, pero cuando no es así, debemos actuar en amor. Es cuando el amor se pone a prueba. Amemos a nuestro cónyuge y a nuestros hijos.

También entiendo que se requieren de los dos para que el matrimonio funcione, uno solo no puede, pero amar es el primer paso. ¿Dices que ya no soportas más a tu pareja, que ya no puedes vivir con ella? Esa es la reacción de un cristiano carnal. Como cristiano deberías reaccionar diferente, porque el amor de Dios ya ha sido derramado en tu corazón por el Espíritu Santo. Y no solo se te dio la capacidad de amar, sino que se te dio la fuerza del Espíritu Santo. No es que tengas que fingir. ¡Ya tienes el amor de Dios! Solo tienes que aprender a dejarlo fluir.

Amor en acción

El esposo es el agente de amor para su esposa. Puede decidir amar, pero ha caminado tanto en la carne, que actúa como un hombre natural, sin Dios. Desquitándose de todo, siendo vengativo, tratándola con la ley del hielo. De esa manera espera que ella cambie, a pesar de su actitud negativa. Pero lo que en verdad genera es una relación fría y triste.

Sin embargo, si buscara lo que Dios ha puesto dentro de su corazón, y comenzara a ser benigno, tierno, paciente, afectivo y amoroso, seguramente la relación cambiaría para bien.

Es que no se trata de tu ascendencia, de tu apellido ni de tu ADN. A pesar de todo eso, tu genética espiritual, dada por el Espíritu Santo, puede guiarte a amar a tu mujer, así como Cristo amó a la Iglesia. Además, el Espíritu Santo te enseñará cómo hacerlo. Ya no tienes excusas para no amar. Lo que puede suceder es que tal vez ya no quieras hacerlo.

La psicología moderna dice que hay que expresar las emociones negativas, pero la Biblia enseña lo contrario: domina tus impulsos. No es necesario patear al perro o tirar la puerta. Si surgen de ti estos impulsos, esas ansiedades, ¡mátalas de hambre! No hagas lo que tu carne te pide. Haz lo que tu espíritu nacido de nuevo te dice que puedes hacer. Porque la Palabra dice que nuestras armas no son carnales, sino poderosas en Dios. Ya no vivimos en la carne, sino por la fe en el Hijo de Dios.

«El conocimiento envanece, pero el amor edifica» (1 Corintios 8:1b RVR1960). El amor edifica, no destruye. Construye paz, gozo, vida. Es como la historia de la mujer que quería divorciarse y hacer sufrir a su marido. El pastor le aconsejó que lo tratara bien, que lo hiciera sentir importante, que le hiciera cumplidos... y luego de esto, cuando ya sentía que había llegado a ser indispensable para él, que entonces ahí, lo dejara. Unos meses después, cuando la mujer estaba lista para abandonarlo, ¡se había vuelto a enamorar de él!

El texto de Mateo 5:44 dice: «Pero yo os digo: Amad a vuestros enemigos, bendecid a los que os maldicen, haced bien a los que os aborrecen, y orad por los que os ultrajan y os persiguen» (RVR1960).

Si crees que te es difícil amar a tu esposa, entonces ámala como a una enemiga. Aunque nadie en su sano juicio siente amor por un enemigo, así nos dice el Señor que hagamos.

Es que los sentimientos son un problema que se interponen ante la voluntad de Dios. No nos mandaron a sentir amor, sino a actuar en amor. Porque los sentimientos son traicioneros y no sabemos manejarlos. Pero la voluntad de Dios produce paz y alegría. No permitas que sentimientos que producen dolores y quebrantos te dominen. Detén tus sentimientos negativos y comienza a actuar como un hijo de Dios.

El amor no es solo un sentimiento, sino un conjunto de acciones por el bienestar del otro, aunque no haya beneficio propio. Cuando uno hace lo que Dios le ordenó, la acción crea emoción, pero primero viene la obediencia y después llega la emoción. Entonces no te enamores únicamente con el corazón, con los sentimientos, enamórate también con la cabeza.

El amor nunca falla. No es solo un sentimiento pasajero, es una decisión diaria y una acción constante. Ama a tu esposa como Cristo amó a la Iglesia. Y si crees que no puedes, recuerda: ¡El Espíritu Santo ya te ha dado la capacidad de hacerlo!

¿Quieres ver cambios en tu matrimonio? Actúa en amor. ¿Por qué no sorprender hoy a tu esposa con chocolates y flores? Invítala a una cena romántica, ¡y ve lo que sucede después! El amor en acción enciende un avivamiento. ¡Yo sé que me entiendes!

El cumplimiento de los votos en medio de la crisis

«Cuando a Dios haces promesa, no tardes en cumplirla; porque él no se complace en los insensatos. Cumple lo que prometes. Mejor es que no prometas, y no que prometas y no cumplas. No dejes que tu boca te haga pecar, ni digas delante del ángel, que fue ignorancia. ¿Por qué harás que Dios se enoje a causa de tu voz, y que destruya la obra de tus manos?» (Eclesiastés 5:4-6 RVR1960).

Muchos se me acercan diciendo: «Pastor, tengo que divorciarme porque me casé sin realmente amar a mi pareja». Ese cuento es parte de una mentira que los acompañó durante la luna miel. Y después, quieren anular el compromiso.

Si se hace un voto ante Dios, hay que cumplirlo. Se puede romper un noviazgo y un compromiso, pero el matrimonio es un voto sagrado que no debería romperse, exceptuando casos particulares que no entran dentro de la generalidad a la que me refiero.

Si amas a una mujer, y tienes la seguridad de que es la que Dios ha escogido para ti, cásate con ella hasta que la muerte los separe o hasta que el Señor venga. ¡Ten coraje! Sé un varón o una mujer de Dios y sostén tu compromiso ante Dios. Es importante entender que las promesas se le hacen al hombre, pero los votos se le hacen a Dios.

Cuando las promesas se rompen, no tienen consecuencias. A diferencia de los votos, que sí tienen consecuencias. Romper un voto genera heridas que son difíciles de sanar. Solo quien se ha divorciado sabe a lo que me refiero.

"El verdadero amor es aquel que prometió amarse en la enfermedad y en la salud, en la pobreza o en la riqueza."

CAPÍTULO 8

CÓMO AMAR Y HONRAR A TU ESPOSA

Hace un tiempo se realizó una encuesta donde se preguntó a personas casadas y solteras, cuál consideraban que era el propósito del matrimonio. La mayoría de las personas respondió que era para evitar la soledad. Otros mencionaron que era la posibilidad de tener hijos. Algunos pensaron en la legitimidad de las relaciones sexuales y otros tantos lo vieron como un beneficio para mejorar su economía. Sin embargo, estas razones, aunque válidas, no son el verdadero propósito del matrimonio.

Muchas personas invierten tiempo y dinero organizando una boda, convencidas de que el matrimonio garantizará una felicidad permanente. Pero esto no es del todo cierto. Porque realmente después de la ceremonia los problemas se revelan.

Debemos entender que el matrimonio es una relación de pacto con Dios y con su cónyuge. No se trata de un contrato basado en conveniencias o deseos personales, sino de un compromiso sagrado.

Muchos dicen que una vez que se casan aparecen los problemas. Y la verdad es que esto no es así. El matrimonio no genera problemas, sino que revela aquellos que ya existían. Pone en evidencia la inmadurez, el egoísmo, la falta de carácter y el orgullo. El matrimonio es un espejo que nos muestra nuestras debilidades, nuestras falencias, pero también es el espacio donde aprendemos a amar.

Ningún texto de la Biblia dice que el esposo deba corregir a su esposa, sino que debe amarla. Ni siquiera le exige al hombre entenderla, porque el hombre no tiene la capacidad ni la revelación divina para comprender completamente a la mujer.

> "El matrimonio *no genera* problemas, *sino que revela* aquellos que ya existían."

Dios creó a la mujer mientras el hombre se encontraba en un sueño profundo, lo que nos recuerda que su naturaleza es un misterio. Pero, aunque no podamos entenderla, sí podemos amarla, y para ello uno tiene que morir a sí mismo. La Biblia dice que los hombres debemos amarlas, no corregirlas.

Como hemos leído en capítulos anteriores, la Biblia instruye que los esposos deben amar a sus esposas, utilizando como paralelismo a Cristo y su amor por la Iglesia. Tal fue su amor que se entregó a sí mismo por ella. Es que el amor verdadero implica entrega y sacrificio. Dios no nos pediría algo imposible de cumplir. Así como lo vemos en Romanos 5:5: «y la esperanza no avergüenza; porque el amor de Dios ha sido derramado en nuestros corazones por el Espíritu Santo que nos fue dado» (RVR1960). Con ese amor el hombre puede amar a su esposa.

El matrimonio es morir a uno mismo, al egoísmo y al orgullo. Si hay problemas en tu matrimonio, tal vez sea porque estás demasiado aferrado a ti mismo, y no has decidido morir a tus deseos egoístas, como un niño orgulloso que únicamente piensa en sí mismo. Amar como Cristo amó a la Iglesia significa entregarse por completo. Y el matrimonio es una entrega.

El propósito del matrimonio es la santificación que te llevará a la verdadera felicidad. Así que, para alcanzar esa anhelada felicidad, debes alcanzar primero la santidad.

En el matrimonio es el esposo quien santifica el hogar. Es el sacerdote de la casa, el Pastor del hogar, el responsable de guiar espiritualmente a su familia. Es quien debe dar Palabra a los integrantes de la casa. Debe buscar a Dios en oración para saber hacia dónde dirigir el hogar, porque Él se lo ha de revelar. La madre atesora recuerdos en el corazón de los hijos, pero el padre imprime en ellos la fe y la dirección.

Hay un patrón muy común en nuestra sociedad y es ver a las mamás que, con buenas intenciones, no pueden controlar a sus hijos cuando están creciendo. Este es el resultado de hogares que carecen de una figura paterna, y produce un gran impacto en la vida de los hijos, ya que ellos son quienes forman la creencia y la afirmación en los valores.

Por lo tanto, el conductor de la santidad en el hogar es el papá. Con esto no quiero decir que la labor que está haciendo la mamá soltera como cabeza de hogar esté mal, simplemente quiero mostrar la importancia de la figura del padre en una casa.

Por ejemplo, cuando un deportista o un artista que proviene de un hogar disfuncional alcanza el éxito y recibe una gran suma de dinero, lo primero que dice es que le comprará una casa a su mamá. Nunca piensa en el papá porque estuvo ausente en su vida. Hemos también escuchado casos de jovencitas que huyen de su casa porque, aunque su papá haya estado presente, sostiene un comportamiento agresivo, y violento, entonces decide irse con el primer hombre que se cruza en su camino.

Un buen matrimonio no se basa en el «tú» y el «yo», sino en el «nosotros». No se toman decisiones individuales, sino acuerdos mutuos. El matrimonio es una escuela contra el egoísmo, donde ambos deben esforzarse por crecer en Cristo. La esposa debe sentirse mejor al estar casada que cuando estaba soltera. Se dice que el carácter del esposo se refleja en el rostro de su esposa. Ella debe sentirse valorada, apreciada y protegida. La mujer que se casa debe ascender en todos los niveles.

Así como Jesús cuida de la Iglesia y se entregó por ella para lavarla y santificarla, el esposo debe entregarse por su esposa para cuidarla y santificarla. Esto también incluye detalles prácticos:

sorprenderla con regalos, no solamente cuando estén de cumpleaños. Demostrarle afecto sin esperar nada a cambio.

Esposo, emociónate cuando ella llega a la casa y no la has visto después de unas horas. Disfruta el tiempo que estás con ella. Satisface sus necesidades.

¿Lavas los platos, cuidas a los niños, arreglas las camas o cocinas? Quisiera ver esposos trapeando pisos y limpiando baños. Ayudando a preparar el desayuno de sus hijos.

Anhelo ver padres que le hablen de la Palabra de Dios a sus hijos antes de ir a la escuela. Padres que despierten a sus niños con besos y los despidan por las noches con cariño, rodeados de bendiciones, con palabras de fe y de amor.

Hay cuatro cosas muy importantes que tu esposa necesita de ti: Que la ames, que la honres, que la acaricies (pero no solo para tener sexo) y cuídala como un tesoro. Puedes lograr todo esto cuando la amas.

Formas de amar y honrar a tu esposa

1. Bríndale seguridad

El esposo debe crear un ambiente de seguridad financiera, física y espiritual. Es el responsable de proveer lo necesario, incluyendo la Palabra de Dios y la ministración del Espíritu Santo en el hogar. También debe fomentar el crecimiento, un mejor estilo de vida y un progreso continuo en todos los aspectos de la vida familiar.

2. Hónrala en presencia de otras personas
Háblale con amor y dignidad, especialmente en público. No la critiques ni expongas sus debilidades ante otros. Un esposo que deshonra a su esposa en público pierde respeto ante los demás. En cambio, valórala, elógiala y resalta sus virtudes, esto le dará mayor seguridad no solo a tu esposa, sino también a tus hijos. Cuando el marido ve a su mujer preparada para salir, debe mirarla y destacar lo bonita que está. Si una esposa se hace un peinado diferente, debes notarlo y decir: «Te ves diferente». Esta es una forma de apreciarla y honrarla.

Nunca debes hablar mal de ella en presencia de otros o contarles sus debilidades a otras personas. Cuando hablas mal de tu esposa, no solo la avergüenzas, sino que tú mismo desciendes en tu posición de hombre. Un hombre que habla mal de su esposa en público no es digno de confianza.

3. Conócela profundamente
Desarrolla una maestría en preferencias personales. Averigua cuáles son las fortalezas emocionales y las debilidades de tu esposa. El papá tiene que conocer lo que angustia a su esposa y a sus hijos. Escuché una historia muy impactante en México. Cierto día, un muchacho mató a otro en un colegio y la maestra citó a todos los papás del curso y los llevó al centro del salón de clases. En la pared estaban colgadas todas las mochilas de los estudiantes, y el desafío para los papás era reconocer la mochila que pertenecía a su hijo.

Solo dos papás las reconocieron. Entonces te pregunto si tú conoces la mochila de tus hijos, si reconoces sus cuadernos, su letra al escribir, si sabes el nombre de la directora y del profesor de matemáticas. Conoces cuál es la materia que más dificultad les da a tus hijos. Estás al tanto de cuáles son los miedos que los abordan en las noches. En esta vida, los hijos tienen todo el derecho de ir a descansar pensando que sus papás los aman incondicionalmente. Si los niños sufren de depresión, de pesadillas, de miedos y de hostigamiento, los papás tienen que estar a su lado. Y como parte de lo mismo, un buen esposo debe saber qué deprime a su esposa o qué la hace feliz. También debe saber a qué le temen sus hijos, cuáles son sus sueños y sus luchas. Esto fortalece la relación. Participa de sus vidas con un interés genuino y preséntate como un apoyo constante.

4. Mejora la comunicación
Aprende el arte de la conversación. Comunícate con ella a través de una conversación efectiva. Crea espacios de diálogo sincero donde puedan expresar lo que sienten y piensan. La comunicación sana fortalece el vínculo conyugal y familiar.

Cuando nuestros hijos eran pequeños, filmábamos muchísimos momentos. Los grabábamos conversando acerca de las cosas que les agradaban y de las que no. Conversamos en un ambiente de camaradería. Luego ellos me decían: «Papi, me gusta cuando te veo haciendo aquello». Aprende a conversar de manera correcta con tu esposa y con tus hijos.

5. Construye recuerdos de amor y misericordia

Genera recuerdos felices con tu familia. Que tus hijos te recuerden como un padre amoroso y presente. La misericordia y el perdón dejan huellas imborrables en el corazón de los seres queridos.

Que cuando tu familia esté asustada o tenga miedo, corran a los brazos de papá. Que, al llegar del trabajo, todos griten emocionados: «Llegó papá, llegó papá». Construye memorias en las que al ver fotos del pasado recuerden y puedan decir: «Mi papá dijo esto e hizo aquello». Uno nunca olvida los actos de misericordia y de perdón.

6. Fomenta un ambiente de oración

Prepara un ambiente de oración, un altar en tu hogar. Ora con tu familia y por tu familia. Que te vean orando, estudiando la Palabra de Dios y buscando Su dirección. Ser un ejemplo de fe y consagración guiará tu hogar por el camino correcto. Que tu familia te vea trasnochando o levantándote temprano para orar por ellos. Que te vean dar vueltas por la casa orando en lenguas para tener un mejor hogar.

El matrimonio es una oportunidad para crecer en santidad y amor. Cuando un esposo ama, honra y protege a su esposa, su hogar florece bajo la bendición de Dios.

CAPÍTULO 9

MATRIMONIOS A PRUEBA DE ADULTERIO

Hace algunos años, junto a mi esposa fuimos invitados a predicar a un país de Latinoamérica. Una vez allí, el pastor nos compartió la situación de un matrimonio de líderes de su iglesia que estaba atravesando una crisis profunda.

Eran muy queridos por todos. Se conocieron siendo adolescentes en el grupo de jóvenes, se hicieron amigos, luego novios, y con el tiempo se casaron. Era una pareja ejemplar, tanto por su fe como por su servicio. Pero después de algunos años de casados y con dos hijos, las cosas comenzaron a deteriorarse.

Él, por su trabajo, viajaba mucho. Ella sentía que todo el peso del hogar y la crianza de los niños caía sobre sus hombros. La relación se fue enfriando y donde antes había amor y paciencia, ahora había quejas, reproches y distanciamiento.

En uno de esos viajes, la empresa para la cual trabajaba lo envió al extranjero junto a una compañera de trabajo. Aunque al principio no parecía nada fuera de lo normal, con el tiempo surgió una relación indebida. Ella lo halagaba, era amable y no le reclamaba nada. Eso lo confundió. Sin saber qué hacer, pidió consejo a un amigo —quien se suponía que no era el mejor de los consejeros— y este le sugirió que se divorciara y buscara una nueva oportunidad en el amor.

Mientras tanto, una persona que asistía a la iglesia lo vio salir de un hotel con su amante. Impactado, decidió hablar con uno de los pastores, quien compartió lo ocurrido con el pastor principal. Luego de orar, él y su esposa invitaron a la pareja a cenar. Durante la conversación, confrontaron al esposo, y él, entre lágrimas, confesó su infidelidad.

El dolor de su esposa fue enorme. Días después, les comunicó que iba a pedir el divorcio. Ya no quería seguir intentando.

Justo en ese tiempo, nosotros estábamos visitando esa iglesia. Los pastores, en un último esfuerzo, nos pidieron que nos reuniéramos con la pareja. Al principio dudamos, porque no sabíamos si querrían hablar con nosotros. Pero Dios tenía otro plan.

Esa noche hablamos con ellos hasta muy tarde. Con la ayuda del Señor, pudimos ministrarlos, oramos y los animamos a darse una nueva oportunidad. Acordamos que seguirían un proceso de restauración, acompañados por sus pastores.

Pasó el tiempo, y un año después, regresamos a esa misma iglesia. Al final de una reunión, la pareja se acercó. Nos abrazaron con lágrimas de alegría. Nos contaron que su matrimonio había sido sanado por Dios y no solo seguían juntos, sino que ahora estaban más unidos que nunca, ayudando a otras parejas a ser restauradas también.

Una vez más, vimos que Dios puede hacer lo imposible. Él no se rinde con nosotros, incluso cuando todo parece perdido.

El sexo diseñado por Dios

Imagina que vas por un camino y debes cruzar un puente alto, pero ese puente está roto. ¿No agradecerías que alguien te advirtiera del peligro? Seguramente le estarías muy agradecido, pues ese aviso te habría salvado la vida. De igual manera, Dios nos ha dado los Diez Mandamientos como advertencia para nuestro bienestar. Son señales que nos alertan de grandes peligros. Dios nos dice: «No matarás, no robarás, no mentirás, no cometerás adulterio».

En la actualidad, el adulterio está destruyendo más familias que nunca. El mandamiento «No cometerás adulterio» (Éxodo 20:14 RVR1960), es una advertencia clara: el puente está roto. Dios nos da este mandato como parte de Su plan de protección para que no suframos dolor. Quizás, al referirnos al tema, inevitablemente recordamos el pasado, pero no se trata de remover viejos errores, sino de prevenir el dolor futuro. Si has confesado tus pecados, Dios ya te ha perdonado y restaurado. No debes vivir con culpa ni condenación.

La Biblia no está en contra del placer; al contrario, Dios creó el sexo. Pero, como todo lo que Él ha diseñado, debe ser manejado con responsabilidad. Todo lo que Dios nos da tiene límites. Por ejemplo, el fuego es un regalo de Dios y puede darnos calor al momento de necesitarlo, pero mal manejado puede destruirlo todo. De la misma forma, el impulso sexual es un regalo de Dios, pero debe expresarse dentro del matrimonio. En el contexto de ese marco, es algo bello y enriquecedor. Sin embargo, fuera del matrimonio, puede traer destrucción emocional, física y espiritual.

> "El adulterio *está destruyendo* más familias que nunca."

El mundo habla de «sexo seguro», pero la única forma de que el sexo sea realmente seguro es cuando se realiza dentro del matrimonio. Llamamos fornicación cuando se practica el sexo antes del matrimonio. Y adulterio, cuando tienes sexo fuera de tu matrimonio. En ninguno de los dos casos el sexo es seguro. El sexo fuera de los límites correctos puede traer consecuencias como enfermedades venéreas tales como herpes, SIDA, gonorrea o sífilis, sumado a profundos e irreparables daños emocionales al quedar la mujer embarazada, ser abandonados por la otra persona, y aún abortos que causan marcas extremadamente dolorosas. Está comprobado que incluso los métodos anticonceptivos no previenen del todo estas enfermedades. Muchos de los que participan en este tipo de relaciones extramatrimoniales contraen infecciones sin saberlo hasta años después.

Cuando Dios nos advierte que no cometamos adulterio, es por nuestro propio beneficio. Dado que este pecado destroza la vida espiritual de una persona. La Biblia es clara al decirnos: «Honroso sea en todos el matrimonio, y el lecho sin mancilla; pero a los fornicarios y a los adúlteros los juzgará Dios» (Hebreos 13:4 RVR1960).

Dios diseñó el sexo como una herramienta para edificar el matrimonio, no para destruirlo. Los casados deben permanecer fieles, porque si no se detienen y se arrepienten, Dios juzgará la inmoralidad sexual. Es fácil casarse, pero lo difícil es permanecer casado siendo fiel.

Vivimos en una cultura saturada de mensajes sexuales y llena de valores permisivos. Las estadísticas manifiestan que el 50% de los maridos y el 35% de las esposas han cometido adulterio. Es un problema real que requiere un compromiso serio con los principios de Dios.

Directrices para un matrimonio a prueba de adulterio

1. Comprométete con los principios de Dios

Debes tener un compromiso firme con los principios de Dios. No importa tu pasado o tus fracasos anteriores; lo que importa es que decidas vivir conforme a la Palabra de Dios. Si no te alineas con Sus principios, basarás tus decisiones en emociones que pueden llevarte al error y malas consecuencias.

Dios no cambia sus mandamientos porque son eternos, no importa que la cultura o la moda cambie. Hoy, a lo bueno se lo llama malo y a lo malo, bueno. Pero debes saber que la legalización de ciertas prácticas no las hace correctas ante los ojos de Dios. La Biblia establece que el sexo es exclusivo del matrimonio. El Salmo 119:9 dice: «¿Con qué limpiará el joven su camino? Con guardar su palabra» (RVR1960). Vivir según la cultura del mundo trae confusión y destrucción, pero si no te comprometes con la Palabra y no vives bajo los principios de Dios, nunca tendrás un camino limpio. No debe importarte cómo decide vivir el mundo, elige vivir de acuerdo con los principios de Dios y de esa forma recibirás bendición y paz.

> "Es *fácil casarse*, pero lo difícil es *permanecer casado* siendo fiel."

El adulterio nunca es una opción, sin importar las circunstancias. No hay excusas válidas para cometer adulterio, no importa tu trasfondo cultural, emocional, social. Nada justifica el pecado. Déjame decirte que, si tu pareja es de las que pone su celular en modo avión cuando está contigo, ese vuelo lleva más de un pasajero.

Algunos hombres explican sus infidelidades con argumentos como «las mujeres jóvenes son más atractivas». Y aunque pueda ser verdad, la realidad es que el problema no es la edad de tu esposa, sino la comparación injusta que haces.

Seguramente conoces el ejemplo bíblico acerca de José, quien fue seducido y tentado por la esposa de Potifar. Él tenía todas las razones para pecar: era joven, soltero, era extranjero y formaba parte de una cultura permisiva, ya que era común que se intercambiaran esposas. José hubiera podido basarse en su pasado y en su trasfondo cultural para pecar. Como ya debes saber, José era huérfano de madre, su padre lo había malcriado y, para completar, sus hermanos lo habían vendido como esclavo. Fue privado de amor. Nadie lo amaba. Así que José tenía todas las excusas que cualquiera hubiera podido utilizar como justificativo.

Sin embargo, decidió no pecar contra Dios. Cuando la mujer intentó seducirlo, José no razonó ni negoció con ella; simplemente huyó desnudo, ya que, por querer atraparlo, ella lo tomó de la capa que lo cubría y se la arrancó. No era tiempo para negociar, no era tiempo para hablar. Era tiempo de correr. José escapó de la tentación sin dar explicaciones.

"Nada *justifica* el pecado."

Cuando de pecado sexual se trata, no puedes decirle a la mujer de aspecto seductor, que está sentada en la sala a tu lado: «Mira, soy líder de la Iglesia, soy cristiano…». No es momento de predicarle. No es tiempo de hablar acerca de la iglesia ni de la visión. No se juega con fuego. Es momento, como se dice coloquialmente, de decir «paticas para que las tengo», y «tirarse» por el balcón de esa casa. Porque es mejor tirarse por la ventana que tirar la familia. No es tiempo de negociar ni tiempo para hablar. Es tiempo de correr, así como lo hizo José.

No hay excusas aceptables para caer en el adulterio, si tu esposa está embarazada, está muy gorda o enferma. Tampoco lo es decir que tu esposo no es romántico, que no es musculoso, o que ya se perdió la chispa del amor. Has formalizado un compromiso en el que prometiste que se amarían por siempre, en las buenas y en las malas, en la salud y en la enfermedad, cuando estuviera flaca o cuando estuviera gordo. Así que no hay ninguna excusa para pecar sexualmente. No se debe cometer adulterio, punto.

> "No se juega con *fuego*.
> Es *tiempo* de *correr*,
> así como lo hizo José."

Comprométete ante Dios y tu pareja ahora mismo y declara que le serás fiel sexualmente, y que tendrás intimidad únicamente con tu cónyuge. Incluso decláralo públicamente, de esta manera la tentación tampoco podrá ganarte la batalla abiertamente.

Protege tu matrimonio viviendo los mandamientos de Dios. Esa es una decisión basada en los principios de la Palabra. Dile a tu cónyuge que nunca le serás infiel, no importa lo que hayas hecho en el pasado, de ahora en más, ese es tu compromiso. Incluso cobrará aún más fuerza al decírselo frente a tus compañeros del trabajo y amistades. Coloca fotos de tu esposa y de tus hijos en tu lugar de trabajo para que todos puedan verlas.

No coquetees con nadie. Solo debes tener ojos para tu pareja. No utilices el WhatsApp para escribirle a nadie que sabes que con el tiempo será un problema que tendrás que enfrentar. Sé radical y párate firme. Nunca sostengas una conversación en el trabajo con un hombre o una mujer, especialmente después de haber discutido con tu esposo o esposa. Puedo asegurarte de que si pones distancia, no te molestarán nunca más. Podrán decir que eres una persona antipática, pero es mejor ser antipático que adúltero.

La Palabra nos exhorta al decir: «Bebe el agua de tu propia cisterna, y los raudales de tu propio pozo» (Proverbios 5:15 RVR1960). En otras palabras, ama y sé fiel a tu esposa. Es un mandato.

La fidelidad no es solo un compromiso interno, sino algo que debes declarar y demostrar. Habla de tu matrimonio con orgullo, coloca fotos de tu familia en tu oficina, evita conversaciones inadecuadas y establece límites claros en el trabajo y en la iglesia.

2. Magnifica las consecuencias
Es vital recordar el impacto devastador del adulterio. Magnifica las consecuencias. Imagina la devastación y la destrucción que puede causar el pecado sexual. ¿Cómo enfrentarás después a tus hijos? Piensa en las consecuencias para tu pareja, tus hijos y tu relación con Dios.

¿Por qué te pido que pienses en esto y lo dimensiones? Es necesario hacerlo, de otra forma, la mente la llenarás de ideas que te llevarán a creer que no está mal cometer adulterio. Y el pecado te conducirá a lugares donde nunca quisiste estar. El texto de Proverbios 6:32 advierte: «El que comete adulterio es falto de entendimiento; corrompe su alma el que tal hace» (RVR1960). Quien cae en este pecado es un necio, pues destruye su propia vida.

> "*Habla* de tu matrimonio con *orgullo*."

Los ejemplos de la vida real demuestran cómo el adulterio arruina carreras, reputaciones y familias. Un caso notorio es el del golfista Tiger Woods, cuya vida profesional y personal se vio gravemente afectada por su infidelidad. Muchas de las marcas que lo patrocinaban dejaron de hacerlo. Es que el adulterio genera vergüenza, por esa razón, cuando alguien queda expuesto, después le es difícil regresar a la iglesia. No es que Dios no perdone, pero cuando alguien cae en el pecado sexual, termina dañando el plan de Dios para su vida.

El pecado sexual deja una marca imborrable, cicatrices permanentes, y luego llega la vergüenza, que parece que nunca se va. En las consejerías pastorales escuchamos a muchas personas decir cuánto les gustaría poder retroceder el tiempo. Pero no hay vuelta atrás. La mejor manera de evitar el sufrimiento es evitar el pecado desde el principio. Proverbios 6:26 nos dice: «Porque a causa de la mujer ramera el hombre es reducido a un bocado de pan» (RVR1960). En otras palabras, el adulterio te rebaja y te destruye. Así que te animo a que magnifiques las consecuencias.

La versión NVI de la Biblia presenta el mismo texto de la siguiente forma: «Pues la ramera va tras un pedazo de pan, pero la mujer ajena busca tu valiosa vida» (Proverbios 6:26). Por una prostituta puedes perder la comida, pero por la mujer de otro puedes perder la vida.

El costo del adulterio es altísimo. Muchos piensan que «restaurar» un matrimonio después de una infidelidad es fácil, pero puede llevar años y mucho dolor. No vale la pena perder todo lo construido por un momento de placer. Es mucho mejor invertir en proteger la pareja desde el inicio, que intentar repararlo después de un engaño. Nadie sale ganando con la infidelidad; todos pierden: los hijos, la esposa, el propio futuro.

Tres razones para permanecer firme en el matrimonio

1) *Por amor a Jesús.* Ama a Jesús más que a nadie. Él dio Su vida por ti, y obedecerle debe ser tu prioridad.
2) *Por amor a tu esposa e hijos.* El adulterio es un acto egoísta, ya que pone el placer personal por encima de la honra y la familia. Cuando cometes adulterio, le estás diciendo a tus hijos que poco te importa la honra de su

mamá. Y que por encima de ellos está un momento de placer. El engaño conyugal es un acto de egocentrismo. Ya que no importan los sentimientos de nadie más, solo el deseo de satisfacer sus propias necesidades.
3) *Por el juicio de Dios sobre tu vida.* Dios juzgará toda inmoralidad sexual. Nadie se sale con la suya sin arrepentimiento. Enseñar a nuestros hijos a vivir en fidelidad les asegurará una vida plena y en bendición.

El matrimonio es un pacto sagrado que debes proteger con compromiso, amor y fidelidad. Dios diseñó el matrimonio para que fuera una fuente de gozo y estabilidad, y nos da las herramientas necesarias para mantenerlo fuerte. Decide hoy vivir bajo los principios de Dios y protege tu matrimonio del adulterio. Puesto que si supieras cuánto duele y cuánto cuesta sanar una herida, aprenderías a no lastimar a un ser amado.

Recuerda que el diablo antes de ser diablo fue un ángel; y Judas, antes de ser traidor, fue un discípulo. No creo que el engaño sea un error, es una elección. La gente escoge hacer daño. Muchos dicen: «Nadie sabe lo que tiene, hasta que lo pierde». Eso no es verdad y corrijo esa frase: «Siempre supiste lo que tenías, pero pensabas que nunca lo ibas a perder».

Nunca corras por alguien que no está dispuesto a caminar contigo. Es que hay gente tan hipócrita que te exige sinceridad, pero se ofende si se la das. Todo traidor se siente mal cuando es descubierto. En la vida te vas a sentir desilusionado, si piensas que harán por ti lo mismo que tú hiciste por ellos. Nadie te cambia por algo mejor, siempre lo hacen por algo más fácil.

CAPÍTULO 10

SANANDO LAS HERIDAS DEL AMOR

Desde el principio de la humanidad, Dios instituyó el matrimonio como una unión sagrada y bendecida, y cómo, a través de ella, se transmiten valores, principios y amor. Sin embargo, no podemos ignorar que muchas veces los matrimonios enfrentan crisis y dificultades que amenazan con destruir aquello que Dios ha unido. Pero a través de la Palabra de Dios veremos cómo es posible restaurar un matrimonio devolverle para devolverle la vida, cuando parece estar muerto.

En 1 Pedro 3, la Escritura nos dice: «Vosotros, maridos, igualmente, vivid con ellas sabiamente, dando honor a la mujer como a vaso más frágil, y como a coherederas de la gracia de la vida, para que vuestras oraciones no tengan estorbo» (RVR1960). Esto nos revela una clave: el matrimonio está intrínsecamente ligado a nuestra relación con Dios. Si queremos respuestas rápidas a nuestras oraciones, debemos amar de manera consciente y activa a nuestra pareja. No se trata de cumplir con una rutina, sino de hacer del amor un acto intencional. Consiente a tu esposa, pídele perdón cuando la hayas herido y recuerda que, la mujer le abre el cielo al esposo a través de las oraciones. Porque en la unidad conyugal, Dios derrama su gracia y bendición en nuestras vidas.

Dios puede hacer nuevas todas las cosas

«Por tanto, es por fe, para que sea por gracia, a fin de que la promesa sea firme para toda su descendencia; no solamente para la que es de la ley, sino también para la que es de la fe de Abraham, el cual es padre de todos nosotros (como está escrito: Te he puesto por padre de muchas gentes) delante de Dios, a quien creyó, el cual da vida a los muertos, y llama las cosas que no son, como si fuesen» (Romanos 4:16-17 RVR1960).

> "El matrimonio está *intrínsecamente* ligado a nuestra *relación* con Dios."

Abraham creyó en el Dios que da vida a los muertos y que crea cosas nuevas de la nada. Basados en esta verdad, podemos confiar en que Dios puede hacer lo mismo con un matrimonio quebrantado. No importa cuán deteriorada esté la relación, Él tiene el poder de restaurarla.

Muchos matrimonios comienzan con grandes sueños, pero con el tiempo, los sentimientos cambian. Lo que antes era respeto y admiración se convierte en desilusión y disgusto. Algunas personas se me acercan diciéndome: «Pastor, no siento lo mismo por mi esposo o por mi esposa. Desde que me casé, pareciera que los años pasan y los sentimientos han cambiado». Otras parejas llegan a pensar que se casaron con la persona equivocada. Muchos hemos podido ser testigos de que aquello que comenzó como un cuento de hadas, con el tiempo terminó convirtiéndose en una película de terror.

Fases del proceso de deterioro

¿Qué podemos hacer para que nuestro matrimonio no se hunda? ¿Cómo podemos lograr que florezca en lugar de marchitarse?

Hemos visto que muchos matrimonios empiezan bien, pero terminan mal. Y esto se debe a que las parejas suelen atravesar tres fases principales en su proceso de deterioro:

Fase 1 armonía: Todo es felicidad, gozo y compañerismo.
Fase 2 armonía: Surgen desacuerdos, discusiones y tensiones constantes.
Fase 3 armonía: La indiferencia se instala, convirtiendo a la pareja en dos extraños que comparten una vida. Se dejan llevar por la rutina y bajan los brazos. Finalmente, terminan viviendo bajo el mismo techo, como dos perfectos extraños.

Iniciaste el matrimonio junto a la persona que creías que era la correcta y tu compañera/o para toda la vida, pero con el paso de los años finalizaste pensando que era la persona incorrecta. ¿Cómo es posible que el «terrón de azúcar», terminó siendo la persona «vinagre»?

Factores que dañan un matrimonio

Antes de continuar avanzando, es necesario considerar que la clave más importante para revertir este ciclo de desintegración familiar es permitir que Dios intervenga. Él puede cambiarte a ti y a tu cónyuge. Él puede crear algo nuevo de la nada.

Si realmente quieres restaurar tu matrimonio, debes saber que existen cuatro factores que comúnmente deterioran una pareja y que debemos enfrentarlos con valentía.

1. Expectativas irreales

Nos han hecho creer que el matrimonio es como un cuento de hadas. Pero la realidad es que las bodas espectaculares y los romances de película no garantizan matrimonios exitosos. Nos hicieron creer que la boda tipo Hollywood, con los vestidos y trajes de las revistas de moda, con el príncipe azul, y el carruaje de la boda del rey Carlos de Inglaterra con la princesa Diana, eran reales. Pero la verdad es que el cuento del príncipe azul, ese caballero de brillante armadura se convierte en un sapo verde después de la noche de bodas.

Es así como muchas parejas ingresan al matrimonio sin una preparación realista, basando su relación en la atracción física o en la emoción del momento.

Cuando el hombre está cortejando a una mujer, no suele comportarse con autenticidad y a veces aparenta ser admirador de la poesía o de cierto tipo de deporte, solo para impresionarla. Pero cuando se casa, la cultura que decía tener no existe.

Las revistas de modas hacen que las personas fantaseen con el matrimonio ideal. Pero cuando asistimos a una boda, la protagonista es la novia. Nadie le pone atención al novio, está a un lado esperando que todo suceda. A ella la arreglan espectacular, cosa que no está mal. Luce un vestido espectacular que preparó durante 14 meses antes de la boda y una piel de porcelana después de mil tratamientos. El hombre permanece en el altar, esperándola. Al verla entrar, se asombra por su belleza. Se toman mil fotos y todo es felicidad, nadie está triste. Sin embargo, la celebración termina y con ella la fantasía.

Al mes de haberse casado, al regresar de la luna de miel, ya no está vestida de manera espectacular, su maquillaje no luce resplandeciente y la verdad de la vida se asoma a la escena. Es entonces cuando la realidad comienza a doler, porque se prepararon para una boda, pero no para un matrimonio, el comienzo de una familia. Todo aquello eran expectativas irreales. Es necesario aterrizar a la realidad y saber que el verdadero amor no es solo el «eros» (pasional), pues un matrimonio duradero no se fundamenta solo en el deseo físico, sino en el compromiso de crecer juntos y apoyarse en todas las etapas de la vida. Es necesario entender que nuestros cuerpos con el tiempo van cambiando. Luego llegan los hijos, empiezan a llegar las cuentas por pagar, las responsabilidades, las presiones y es en ese momento donde se debe desarrollar el amor «ágape», es el comprensivo, es el dador, el que ama «a pesar de». Es fundamental madurar, aceptar que la vida trae cambios y que nuestra pareja también evolucionará con el tiempo.

> "Se *prepararon* para una boda, *pero no* para un matrimonio."

El matrimonio es la unión de dos personas imperfectas y no hay manera de que exista una relación perfecta entre dos personas con estas características. Por ello es necesario entender que debemos alejarnos de la hostilidad y de la apatía. Por eso aconsejamos que en el matrimonio las dos personas crezcan en todas las áreas de su vida, para así poder desarrollar una relación fuerte y duradera.

2. Diferencias no aceptadas

Dios diseñó al hombre y a la mujer de manera diferente, para complementarse, no para competir. Sin embargo, cuando no aceptamos estas diferencias, surgen conflictos. Lo que en el noviazgo parecía encantador, en el matrimonio puede volverse una fuente de irritación. Por años hemos escuchado que los polos opuestos se atraen. Todos somos diferentes, pero hay que aceptarse.

Aprender a llevarse bien no significa simplemente «tolerarse», sino valorarse. Si uno es organizado y el otro espontáneo, si uno es ahorrador y el otro gastador, si uno habla demasiado y la otra calla, se debe encontrar un equilibrio. Aprender a valorarnos el uno al otro, y entender que somos diferentes. Más allá de los desafíos, Dios usa nuestras diferencias para moldearnos y hacernos crecer espiritualmente. Cuanto más grandes sean las diferencias, mayor es el potencial para el crecimiento mutuo.

La herramienta que Dios usa en tu matrimonio para formar tu carácter es tu cónyuge. Quienes aún no se han casado no tienen idea de cuán poderosa es esta herramienta. Pero tampoco saben que dicha herramienta es dolorosa, porque usa nuestras diferencias para moldearnos. Así que he descubierto que cuanto más grandes sean las diferencias, más grande es el potencial espiritual de mi matrimonio.

3. Asuntos no resueltos
Los problemas no desaparecen con el tiempo, solo se acumulan, porque nunca se habla de ellos, nunca se mencionan. Temas quizás muy personales y hasta delicados, como las finanzas, la intimidad, la relación con la familia política y la comunicación, deben abordarse. Si no se enfrentan y esperas que con el tiempo se disipen, se convertirán en cargas pesadas que desgastan la relación, llevándola de la armonía a la hostilidad y a la apatía.

Debes comprender que el tiempo no sana las heridas, lo que sana las heridas es la intervención. Tienes que confesar. Tienes que hablar. Tienes que exponer y conversar acerca de aquellas cosas que no son tan agradables de afrontar, puesto que los asuntos no resueltos son un equipaje pesado que tienes que cargar y lo trasladas a la familia.

> "El matrimonio *es la unión* de dos personas imperfectas."

Todos llevamos heridas y experiencias de nuestra familia de origen que pueden influir en nuestra relación actual. Cargamos nuestros dolores, nuestros malos hábitos, nuestras tristezas y, si te has casado por segunda vez, llevas todo lo malo del primer matrimonio. Es por ello que decimos que el matrimonio no crea problemas, sino que los revela.

Si eres un adulto soltero y nunca te has casado, seguramente acarrearás con todos los hábitos y las heridas al matrimonio. Algunos dicen: «Desde que me casé contigo, mi vida está mal». ¡No es así! Lo que sucede es que desde que te casaste se revelaron todas aquellas cosas que no eran buenas y que cargabas en tu «equipaje».

Tu familia original te programó para el éxito o para el fracaso, con ella también aprendiste muchas fortalezas, y también muchas debilidades y malos hábitos. Al final del día, tú llevas todas esas situaciones al matrimonio. Al igual si vienes de un hogar disfuncional, donde puedes proyectar esos mismos patrones en tu pareja, sin darte cuenta. Si tuviste unos padres que eran controladores o negligentes porque no te dieron la atención que necesitabas, hoy se vuelve un resentimiento en tu nueva relación y, ante cualquier actitud que veas en tu pareja que se parezca a lo que tu mamá o tu papá te hacían, explotarás de ira y amargura por todo lo que tienes almacenado. Eso significa que, si no resuelves los asuntos emocionales pendientes, terminarás matando tu matrimonio.

> "El matrimonio *no crea problemas*, los revela."

Mi consejo para todos aquellos que se van a casar es que resuelvan esos temas pendientes antes de iniciar esa nueva etapa. Que cierren la puerta a todas esas malas experiencias, para que no lleven esa pesada carga a la nueva relación. Es fundamental resolver estas heridas antes de que se conviertan en barreras insalvables. Recuerda que, si el tiempo sanara las heridas, las farmacias venderían relojes. El tiempo abre las heridas y el único que puede sanarlas es Jesús.

4. Ofensas no perdonadas

El cuarto factor que influye en la destrucción de un matrimonio son las ofensas no perdonadas. Esos causan obstáculos para movernos a una relación sana. Si tienes errores o falta de perdón en algún área, esto traerá peleas y discusiones a tu matrimonio. Y cuando llega la pelea, aparece la apatía e indiferencia hacia la otra persona.

La convivencia genera una mayor exposición de nuestra vida, y por esa razón es más fácil ser herido. Por esa razón, los matrimonios necesitan grandes dosis de perdón. Ya que las heridas no tratadas se infectan y se convierten en resentimiento. La persona que más amas también tiene el mayor potencial para herirte. Por eso, el perdón debe ser un hábito diario en el matrimonio. A causa de todo esto, los matrimonios necesitan grandes dosis de perdón. Puesto que, si recalcas todos los errores, si no los dejas ir, si no perdonas, esas heridas abiertas se infectarán y cada vez la relación será peor.

> "El perdón *debe ser un hábito* diario en el matrimonio."

Jesús nos llama a perdonar, no porque la otra persona lo merezca, sino porque el resentimiento nos ata y nos impide avanzar. Si hemos sido perdonados por Dios, también debemos perdonar. Solo así podemos experimentar la restauración y la sanidad en nuestra relación.

CONCLUSIÓN

Dios es el Dios de lo imposible. Así como resucitó a Lázaro, y restauró la vida de tantos hombres y mujeres de la Biblia, también puede restaurar tu matrimonio. No importa cuán distante esté tu relación, no importa cuánto dolor hayas experimentado, Dios puede traer restauración.

El matrimonio es un pacto sagrado que requiere esfuerzo, oración y amor intencional. Al aplicar estos principios, al entregarle nuestra relación matrimonial a Dios y permitir que Él obre en nuestra vida, podremos ver milagros en nuestro hogar.

"Jesús nos llama a perdonar, no porque el otro lo merezca, sino porque el resentimiento nos ata."

CAPÍTULO 11

DEL CONFLICTO A LA RECONCILIACIÓN

Hay historias que, aunque parecen sacadas de una película, son completamente reales. Esta es una de ellas.

Conocimos a una pareja cuyo relato nos marcó profundamente. Se casaron jóvenes, tras haberse conocido en la universidad. Su relación comenzó con ilusión, compromiso y planes compartidos. A pesar de algunas mudanzas por cuestiones laborales, lograron mantener viva su conexión y, con el tiempo, decidieron casarse. Formaron un hogar estable, con una carrera profesional sólida y dos hijos que llenaron sus días de alegría.

Durante años, todo marchó bien. Parecían una familia modelo. Pero cuando los hijos ya eran adultos y todo parecía en calma, llegó una frase inesperada que lo cambió todo: «Quiero divorciarme». Sin grandes explicaciones ni terceras personas involucradas, ella simplemente expresó que ya no sentía amor, y que creía que separarse era lo mejor para todos. En poco tiempo, el divorcio se concretó y cada uno siguió su camino.

Pero Dios, que nunca deja de obrar, incluso cuando todo parecía perdido, comenzó a escribir una nueva historia.

En medio de una etapa difícil, la mujer fue invitada por una compañera de trabajo a nuestra iglesia. Aunque al principio aceptó por compromiso, algo en su corazón se quebrantó durante una reunión en la *Casa de Vida* (son grupos familiares de nuestra congregación que se reúnen con personas en su misma condición civil, edad y género para aprender un poco más acerca de Dios). Tanto fue así que, al regresar a su casa, sintió el impulso de llamar a su exesposo y contarle lo que había vivido... Incluso lo invitó a que la acompañara a la iglesia el domingo siguiente.

Él aceptó, casi sin entender por qué. Lo que sucedió ese día fue un milagro. Entre lágrimas, este hombre entregó su vida a Cristo. Desde ese momento, el proceso de restauración fue delicado pero firme. Junto a mi esposa nos reunimos con ellos, oramos y les brindamos consejería. Con el tiempo, decidieron darse una nueva oportunidad.

Sí, lo que parecía imposible ocurrió: se volvieron a casar, esta vez bajo la dirección y la bendición de Dios. Hoy, su testimonio inspira a otros matrimonios a creer que, aun después de una separación, el amor puede renacer cuando Dios es el centro. Porque no importa cuán roto parezca algo. En las manos del Gran Restaurador, todo puede volver a la vida.

Una nueva oportunidad

A lo largo de nuestro ministerio pastoral he visto diferentes situaciones que condenan a un matrimonio al fracaso. Una de las más comunes y destructivas es cuando generamos una disputa simplemente para calmar nuestras propias culpas por algo que no está bien en nosotros. Este mecanismo de defensa nos lleva a proyectar la culpa en el otro, en lugar de asumir nuestra propia responsabilidad. Como resultado, en vez de buscar soluciones, creamos un campo de batalla donde la justificación y la acusación reemplazan al amor y al perdón. Es más fácil decir «actué así por culpa de mi pareja», que aceptar nuestras acciones como propias. Sin embargo, esta actitud solo conduce a una espiral de resentimiento y distanciamiento.

Siempre, en cada consejería matrimonial, enfatizamos la importancia de aprender a perdonarse dentro del matrimonio. Ya que no hay nada más dañino para una relación que la falta de perdón, por ello, veremos ahora cinco llaves maestras para restaurar el matrimonio:

LLAVE 1: Acepta tu responsabilidad

Restaurar un matrimonio no es fácil, pero es posible si estamos dispuestos a hacer nuestra parte y aceptar nuestra responsabilidad. No hay salida fácil para restaurar un matrimonio. Hay que trabajar y esforzarse. El apóstol Pablo nos recuerda que «cada uno llevará su propia carga» (Gálatas 6:5 RVR1960). Esto significa que debemos asumir nuestra responsabilidad ante Dios y nuestra pareja. Nadie puede hacerlo por nosotros, ni un pastor, ni un psicólogo.

No puedes cambiar a tu pareja a la fuerza. No puedes controlar sus acciones ni forzarla a que te ame. Es imposible. Intentar hacerlo solo genera tensión y desgaste emocional. En lugar de eso, la mejor forma de provocar un cambio en el otro es reflejar a Cristo en nuestra propia vida. Cuando nos acercamos a Dios y seguimos su ejemplo, nuestra actitud transforma la relación.

Muchas veces nos quejamos de nuestro matrimonio y lo comparamos con otros, pensando: «Si mi pareja fuera como aquella persona, todo sería mejor». Pero esto es una pérdida de energía y tiempo. Deja de culpar a tu pareja porque eres infeliz. La Palabra nos exhorta a «regocijarnos siempre en el Señor» (Filipenses 4:4 RVR1960), recordándonos que la felicidad es una elección personal, no una circunstancia externa. Si eres feliz, es tu responsabilidad. Si eres infeliz, es tu responsabilidad. Tú escoges. Pues, elegir estar alegre se llama madurez.

En lugar de enfocarte en lo que el otro debe cambiar, enfócate en tu propio crecimiento y madurez espiritual. ¿Quieres ser más feliz? Acércate más a Dios. Nadie te puede mantener alejado de Él. Ya no culpes más a tu pareja por tu infelicidad.

El conocido dicho reza: «El pasto del vecino se ve más verde que el mío». Y puede ser verdad. Probablemente el vecino tiene más cuidado y florecido su jardín porque él hace lo que tú no haces. Lo fertiliza, lo cuida. Así que no te puedes quejar por no tener un matrimonio como el de «tu vecino» si no lo riegas, no lo fertilizas, ni lo cuidas. Acepta tu responsabilidad.

Por otro lado, también he escuchado muchas veces la expresión «incompatibilidad de caracteres». Y esto no es más que un término que inventaron los abogados ante juicios de divorcio como una expresión para que la gente no acepte su responsabilidad.

LLAVE 2: Trabaja en tu matrimonio

El amor no es solo un sentimiento, es una decisión y una acción diaria. Cuando trabajamos en nuestra relación, vemos resultados. Aunque ahora mismo sientas heridas profundas, desilusión o desesperanza, no renuncies. La Palabra nos recuerda que «para Dios todo es posible» (Mateo 19:26 RVR1960).

Quizás humanamente creas que tu matrimonio no tiene solución, pero Dios puede hacer lo que tú no puedes. Nuestro deber es hacer la parte que nos corresponde, confiando en que Él hará la suya. Aun cuando parezca imposible, Él tiene el poder de restaurar lo que ha sido dañado. Dios no se ha rendido con tu matrimonio, porque para Él todo es posible.

LLAVE 3: Comprométete a hacer lo necesario

Los matrimonios exitosos no ocurren por casualidad; requieren esfuerzo, honestidad y humildad. La Biblia nos exhorta a «no cansarnos de hacer el bien, porque a su tiempo segaremos, si no desmayamos» (Gálatas 6:9 RVR1960). No debe haber egoísmo y es necesario admitir los errores. La restauración matrimonial no sucede de la noche a la mañana, pero con persistencia y fe, los problemas pueden resolverse. No hay que darse por vencido. Hay que trabajar fuerte en cada área de nuestra relación y tener la disposición para cambiar. También es necesario dedicarle tiempo a resolver los problemas.

Muchos creen que serán más felices con otra persona, pero la realidad es que, si no sanan sus problemas internos, simplemente los trasladarán a la nueva relación. Las estadísticas muestran que los segundos matrimonios tienen una tasa de divorcio más alta que los primeros, porque el problema no es la pareja, sino la falta de compromiso y de sanidad interior.

Hay dos acciones que te brindarán la energía emocional que necesitas para luchar por tu matrimonio: la oración y la obediencia. Cuando oras y obedeces, recibes las fuerzas para pelear por lo tuyo. Si haces lo correcto, tu matrimonio se salvará.

Hay quienes dicen que ya no sienten más amor por su pareja. Pero como ya hemos visto, lo que necesitas para restaurar los sentimientos es realizar actos de amor. Porque el amor vuelve cuando tú quieres. Repite nuevamente todo lo que hacías al comienzo de la relación. Busca la acción que creó la emoción. Hay quienes esperan sentir algo para recién comenzar a actuar. Sin embargo, debes dar pasos primero para que ese sentimiento regrese. Actúa y el amor regresará.

> "Si *haces lo correcto*, tu matrimonio se salvará."

LLAVE 4: Lidia con las heridas no resueltas

Como le hemos explicado en el capítulo anterior, para que un matrimonio funcione, es fundamental aprender a pedir perdón y a perdonar. El texto de Santiago 5:16 dice: «Confesaos vuestras ofensas unos a otros y orad unos por otros, para que seáis sanados» (RVR1960). Algunas esposas quieren imponerles el evangelio a sus maridos, y lo que provocan es bloquearlos. Tienen que pedir perdón a Dios por ser tan ofensivas e intensas equivocadamente. La Biblia dice que la manera de lograr que un esposo se convierta es cambiando. Cuando una mujer ama a Dios y cumple Su Palabra, ganará a su esposo y a su familia con el ejemplo, con la buena actitud.

Muchas veces, en lugar de buscar reconciliación, permitimos que el orgullo nos impida pronunciar tres frases esenciales:

1) «Lo siento».
2) «Perdóname.
3) «Vamos a orar».

Es común que las parejas discutan sin detenerse a orar juntos. Tampoco guardes resentimiento en tu corazón. Sé tolerante. En medio de la discusión, di: «Y si en lugar de discutir, oramos juntos». La oración tiene el poder de transformar corazones y restaurar lo que está roto.

Recuerda que no podrás tener éxito sin perdón. Y muchas veces, en el matrimonio se dicen cosas muy hirientes y probablemente hicimos sentir mal a la otra persona. Por eso es tan importante interceptar una discusión con una oración unida. Porque esta nos ayuda a perdonar y resolver el conflicto. La Palabra nos exhorta a «sed benignos unos con otros, misericordiosos, perdonándoos unos a otros, como Dios también os perdonó a vosotros en Cristo» (Efesios 4:32 RVR1960).

LLAVE 5: Busca ayuda

Nunca enfrentes los problemas solo. En nuestra cultura, a menudo se minimiza la importancia del matrimonio y se promueve la idea de la solución fácil: el divorcio. La cultura latinoamericana ama las novelas entreveradas donde las parejas están en constante discordia.

Pero no debe ser así. El matrimonio, para salir adelante en los momentos de conflicto, necesita rodearse de consejeros sabios que fortalezcan su relación. Es por eso que la Palabra nos dice que «en la multitud de consejeros hay seguridad» (Proverbios 11:14 RVR1960).

Al buscar consejo, evitamos recurrir solo a los padres o amigos cercanos, pues ellos pueden tener una mirada parcial sobre la relación. En cambio, si acudes a mentores espirituales maduros que ayuden a ver la situación con objetividad y sabiduría, puedes recibir consejos más objetivos. Además, mantener una comunidad de fe y participar en grupos de apoyo matrimonial donde recibir el aliento y la guía que necesitas.

Muchos matrimonios cristianos se separan porque han encontrado a su pareja chateando con la secretaria o con un compañero de la oficina, y no especialmente sobre cosas del trabajo. Otros han dejado de congregarse y Dios ya no es la prioridad en su vida. Así pasan de estar en un ambiente sano, a uno complicado y perverso en este mundo.

> "Recuerda que *no podrás* tener éxito sin perdón."

Y así, poco a poco, dejan de cultivar la flor que está en su hogar, como dice el versículo de Proverbios 24:3: «Con sabiduría se edificará la casa, y con prudencia se afirmará» (RVR1960). Pero esto se logra cuando colocamos nuestros ojos en Jesús, autor y consumador de la fe. Cuando edificamos nuestro matrimonio sobre Cristo, ninguna tormenta podrá destruirlo. Si tu casa está edificada sobre la roca, que es Jesús, podrá venir lluvia, vientos, tormentas y tempestades, pero no caerá. Porque Cristo es la roca que sostiene a tu familia.

CONCLUSIÓN

Estoy convencido de que hay una salida para los problemas del matrimonio, para ello se requiere voluntad y compromiso. Si tu matrimonio está atravesando una crisis, repite esta oración en tu corazón: «Acepto mi responsabilidad en mi matrimonio. No culparé ni criticaré a mi pareja, sino que creeré en la restauración. Me comprometo a hacer lo necesario, a buscar ayuda y a fortalecerme en Dios. Pido perdón por mis errores y extiendo perdón a mi pareja. Sé que Dios me dará las fuerzas y el ánimo para continuar. Él resolverá mis dudas y sanará mis heridas más profundas. Confío en que Dios hará milagros en mi matrimonio, porque así es Su voluntad».

Dios es experto en restaurar lo que parece perdido. No importa cuán dañada creas que está tu relación, si tomas estas llaves y las aplicas con fe y perseverancia, experimentarás la restauración que solo Dios puede dar.

CAPÍTULO 12

CLAVES PARA UN MATRIMONIO FELIZ

Hace muchos años participé de una boda, y cuando el pastor ofició la ceremonia nupcial, hizo hincapié en que la pareja estaba participando de un milagro. Aunque todos le creímos, no comprendíamos el tamaño del milagro necesario para conservar a dos personas juntas, mucho menos para llegar a ser uno.

Hoy, después de más de 30 años de mi casamiento, pude entender lo que aquella vez dijo ese pastor, porque el matrimonio, no la boda, es el verdadero milagro. Cualquiera puede celebrar una boda, pero sólo Dios puede crear un matrimonio.

Comprometer nuestra vida con otra persona es en realidad un acto de fe que requiere creer en milagros. Pero si queremos alcanzar el milagro de tener un matrimonio feliz, debemos saber que está conformado por la unión de dos buenos perdonadores. Y para que esto ocurra, debe haber un profundo deseo no sólo de amarse mutuamente, sino de amar a Dios sobre todas las cosas. Cuando la motivación más fuerte para la unidad matrimonial es el agradar a Dios, se asegura la posibilidad de triunfar. Toda pareja que quiera triunfar debe someterse, como esposo y esposa, al señorío de Cristo. Eso, más que cualquier otra cosa, asegurará el éxito de su matrimonio.

Seis claves para un matrimonio feliz

Un matrimonio funciona correctamente si logras considerar seis claves fundamentales para ser feliz:

CLAVE 1: Comunicación
Aunque anteriormente nos hemos referido a la importancia de la comunicación, permíteme ahondar más en este principio fundamental en la relación matrimonial, ya que es crucial para el vínculo. No se trata solo de hablar, sino de expresar ideas y emociones de manera clara y respetuosa. Muchos de nosotros no sabemos cómo comunicarnos y debemos aprender a hacerlo. Se requiere de un arduo trabajo para poder ser un buen comunicador. El texto de Proverbios 13:17 dice: «El mensajero no confiable cae en problemas, pero el mensajero fiel trae alivio» (NTV). No es solo el mensaje lo que marca la diferencia, sino cómo se transmite.

> "El matrimonio, no la boda, es el *verdadero milagro*."

Muchas parejas sufren por falta de comunicación o por una comunicación tóxica. En cambio, una comunicación fidedigna trae alivio al matrimonio. Es necesario comprender que los hombres y las mujeres se comunican de manera diferente.

Estas son algunas de las diferencias:
- El hombre tiende a ser lógico y directo.
- La mujer se expresa a través de emociones y detalles.
- El hombre comunica hechos concretos, datos.
- La mujer comunica emociones.
- El hombre es racional.
- La mujer es sentimental.

Por lo tanto, cuando una mujer habla con un hombre, no quiere respuestas lógicas, sino ser escuchada y comprendida. Ella quiere expresar todo lo que siente. No es fácil para el hombre, pero debe aprender a desarrollar una disposición a escuchar. Debe colocarse «en los zapatos» de su esposa cuando habla y ser empático con ella. Eso es lo que ella pide, aunque no lo exprese verbalmente. Comprender estas diferencias es clave para mejorar la comunicación y fortalecer la relación. Aprende a escuchar a tu esposa y tendrás la mejor intimidad del mundo, no solo sexual, sino también emocional.

Al principio, los esposos pueden hablar por horas, pero con el tiempo, las interacciones se reducen a lo necesario. Debemos evitar caer en la rutina del silencio y practicar el diálogo genuino, buscando siempre edificar y fortalecer la relación. La mayoría de los problemas matrimoniales son el resultado de peleas generadas por expresiones verbales. Y es muy frecuente que después de un tiempo de casados, la comunicación empiece a deteriorarse. Las parejas dejan de hablarse. Solo se comunican para lo estrictamente necesario.

Qué gran diferencia a los tiempos de noviazgo, cuando hablaban horas por el teléfono, se texteaban constantemente, se hacían visitas eternas. Estaba esa famosa frase de despedida en las llamadas: «Cuelga tú», «No, mejor cuelga tú». Pero ¿qué pasó después de un tiempo de matrimonio? ¿A dónde fueron esas eternas horas cuando estaban juntos que parecían ser tan solo minutos? Ya no usan los emoticones en los mensajes. Ahora se «clavan el visto», como dicen los muchachos, y ya está.

Hay una estadística que me llamó poderosamente la atención. Esta expone que, en promedio, gastamos 46 horas semanales en redes sociales, casi un 30% de la totalidad de las horas de la semana. Lo triste es que el tiempo que dialogamos con nuestra pareja es muchísimo menos. Y muchas veces estas conversaciones se dan por casualidad, y suelen terminar en discusiones.

La Palabra nos enseña en Efesios 4:29 que: «No empleen un lenguaje grosero ni ofensivo. Que todo lo que digan sea bueno y útil, a fin de que sus palabras resulten de estímulo para quienes las oigan» (NTV). Es importante evitar palabras hirientes y cultivar un ambiente de respeto y comprensión. Nos anima a decir cosas que alimenten el crecimiento de nuestra pareja, que le den ánimo y estímulo.

Existe una técnica muy usada por las parejas y es la *comunicación del silencio*. Es la famosa táctica que muchos usan para castigar a su pareja. Y no es otra cosa que no hablarles.

Duermen en la misma cama, se sientan en la misma mesa, viajan en el mismo vehículo, pero no se dirigen la palabra. Esto es un peligro para la vida matrimonial. Es necesario madurar en esa área. No puedes tratar con el látigo del silencio a nadie, menos a tu pareja.

El hombre habla aproximadamente diez mil palabras al día. En tanto, las mujeres, unas treinta mil. Así que, el hombre debe tener paciencia para escucharla. Ellas suelen decir que necesitan hablar esa cantidad de palabras, porque al hombre hay que repetirles las cosas dos veces.

> "No puedes castigar con el *látigo del silencio* a tu pareja."

Seguramente a algún hombre le ha pasado que están junto a otra pareja cenando en un restaurante, y de repente, mientras estás hablando de algo, sientes que la mesa se mueve. Es tu esposa la que te está dando patadas en las canillas, queriéndote pedir que no hables más o que cambies de tema. Y el hombre nunca se dio por enterado. Pasada la cena, entonces el hombre pregunta: «¿Por qué me pegabas por debajo de la mesa, mi amor?». Entonces la cosa se pone peor. Ella pensaba que el hombre había entendido sus códigos y señas, sin embargo, no fueron suficientes. Así que les pido a las mujeres que, por favor, no peleen con su esposo por cosas como estas. Deben entender que los hombres estamos «cableados» por Dios de otra manera.

He conocido historias acerca de mujeres que pelearon con sus esposos por sueños que ellas habían tenido. Al amanecer, la esposa se levantó alterada y le reclamó a su marido el por qué no la había rescatado del ataque del oso. ¿Cómo puede el esposo saber lo que está soñando su esposa? Aunque parezca risueño, ocurrió y debe suceder en más oportunidades de las que imaginamos.

La comunicación no se expresa con indirectas, códigos ni señas. Sino que debe ser clara y precisa. Y ambas partes deben estar dispuestas a hacerla funcionar.

CLAVE 2: Consideración
La consideración y la empatía son esenciales en el matrimonio, ya que implica dejar el egoísmo de lado y pensar en el bienestar del otro.

En 1 Corintios 1:10 leemos: «Hermanos míos, yo les ruego, de parte de nuestro Señor Jesucristo, que se pongan todos de acuerdo y que no haya divisiones entre ustedes. Al contrario, vivan unidos y traten de ponerse de acuerdo en lo que piensan. Algunos de la familia de Cloe me dijeron que hay asuntos por los que ustedes están discutiendo mucho» (TLA).

Cuando estaban de novios y la mujer se tropezaba con algo por la calle, inmediatamente el hombre, muy preocupado, la abrazaba preguntándole si estaba bien, si quería que la llevara al médico. Pero después de un tiempo de casados, cuando la mujer se tropieza en la calle, el hombre le grita: «Ten cuidado y apúrate». Con el pasar de los años, muchas parejas pierden la atención y el cuidado mutuo. La misma acción que antes despertaba preocupación puede volverse irrelevante. Debemos esforzarnos por mantener la amabilidad y la empatía, practicando gestos de amor y servicio mutuo. Así como leíamos recién en la Palabra: «vivan unidos y traten de ponerse de acuerdo en lo que piensan». En el matrimonio, el «yo» se acaba, deja de existir, y debemos comenzar a pensar siempre en el otro como parte de mí.

La Palabra nos exhorta a ser humildes, amables y pacientes, apoyándonos unos a otros (Efesios 4:2 RVR1960). Muchas veces se ha confundido el término que declara a la mujer como «la ayuda idónea», ya que piensan que el esposo no debe hacer nada en casa. Pero no debe ser así. Por ejemplo, si hoy ella cocina, el hombre debe lavar los platos.

También es importante ser compasivos y aprender como pareja a compartir nuestras dudas y temores. Muchas veces no las expresamos por miedo a no ser escuchados ni entendidos.

La consideración también implica perdón y comprensión: «Sean tolerantes los unos con los otros, y si alguien tiene alguna queja contra otro, perdónense, así como el Señor los ha perdonado a ustedes» (Colosenses 3:13 TLA). El matrimonio es el curso más largo para aprender a no ser egoísta.

CLAVE 3: Compromiso
Todo matrimonio enfrenta problemas, pero el compromiso es lo que permite superar las dificultades. No siempre estaremos de acuerdo. A través de la Palabra recibimos esta advertencia:

«Jesús se dio cuenta de lo que ellos pensaban, y les dijo: Si los habitantes de un país se pelean entre ellos, el país quedará destruido. Si los habitantes de una ciudad se pelean unos contra otros, la ciudad quedará en ruinas. Y si los miembros de una familia se pelean entre ellos mismos, se destruirá la familia» (Mateo 12:25 TLA). Las peleas son inevitables, pero deben resolverse con madurez y amor.

Tenga cuidado entonces con las discusiones y los conflictos. Porque van a existir. Pero una cosa es que se presenten por las situaciones de la vida y otra, que vengan generadas por el egoísmo o la inmadurez de alguno de los miembros de la pareja o por ambos. Pues esas peleas terminan por acabar con las relaciones.

Los integrantes de un matrimonio provienen de trasfondos culturales diferentes. Poseen distintas personalidades y tienen diferentes visiones del mundo. Entonces es necesario ser flexible para no generar conflictos y ceder terreno. Es bueno comprometernos a ceder un poquito en nuestra rigidez. Debemos ser como esas edificaciones nuevas que se construyen con cientos de pisos, pero cuando el viento sopla fuerte o cuando hay grandes tempestades, comienzan a moverse hacia los lados a un determinado ángulo con flexibilidad, porque así fueron diseñadas. De lo contrario, si fueran completamente rígidas, sus estructuras colapsarían y el viento las resquebrajaría.

El matrimonio no es un camino de satisfacción personal, sino una relación basada en el servicio y el amor mutuo. Como ya hemos leído en 1 Corintios 13, el verdadero amor no es egoísta ni busca lo suyo. Priorizar el bienestar del otro, fortalece la relación y reduce los conflictos. El verdadero amor no rompe un hogar. El verdadero amor no les quita un padre o una madre a unos hijos. Si buscáramos el bien del otro, no existirían tantos divorcios.

CLAVE 4: Contacto físico

El contacto físico, más allá de la intimidad sexual, es una forma de expresar amor y conexión. Es una manera de mantenernos saludables y conectados. Si recordamos el tiempo de la pandemia por COVID-19, todos estábamos atemorizados por el contacto que pudiera existir entre personas a causa del contagio. Se decretaron medidas especiales para guardar distancia, no era posible abrazar y mucho menos besar a nadie. El apretón de manos fue reemplazado por el saludo de codos y otros tantos que la gente empezó a inventar. A pesar de los años, algunos aceptaron estas costumbres y aún las practican. Pero a la mayoría de nosotros nos hizo falta el contacto, el abrazo, el saludo afectuoso de un ser querido.

«Salúdense unos a otros con un beso santo. Todas las iglesias de Cristo les envían saludos» (Romanos 16:16 NTV). El mismo Señor nos anima a saludarnos con afecto. Esto resalta la importancia de los abrazos, los besos y los gestos de cariño en todas las relaciones, en especial la matrimonial. Estas muestras de cariño fortalecen el vínculo emocional y generan seguridad en la pareja.

Hace algún tiempo leí en un artículo médico en el que explicaban que, si los bebés recién nacidos no recibían contacto físico al nacer, podían llegar a morir. En otro artículo de una universidad en California decía que, si al menos tocabas de manera correcta a tu pareja por lo menos tres veces al día, la vida de la persona se prolongaría siete años.

Es muy necesario el cortejo, esa intimidad física y emocional. No siempre una caricia o un abrazo debe conducir a una relación sexual. Pero si esos contactos físicos y muestras de afecto se hacen frecuentes en el matrimonio, estoy seguro de que la vida sexual se convertirá en algo muy interesante.

Hay tres razones que considero son las causas del porqué el matrimonio no se abraza y siente apatía afectiva dentro de la relación:

- La primera de ellas es el «cansancio». Estamos tan compenetrados en el día a día de nuestros trabajos, en la crianza de los hijos, las actividades en la iglesia y los amigos, que vivimos constantemente cansados.

- La segunda razón es la «ocupación». Estamos más pendientes de hacer otras cosas que de dedicar tiempo a lo que vale la pena y a lo que ayuda a las relaciones. ¿Qué tal si en vez de estar pegados al celular revisando las redes sociales y averiguando la vida de otros, tomamos un tiempo para darle un abrazo a nuestra pareja, que de seguro lo está necesitando?

- La tercera razón es el «resentimiento». Dejamos que las raíces de amargura crezcan en nuestro interior en lugar de resolver los problemas. Entonces, nuestro corazón se va tornando de piedra y nos cuesta manifestar expresiones de afecto y cariño. Pero se debe empezar por algo. Así que, también es cuestión de una decisión.

Decide hoy abrazar a tu pareja y darle un beso inesperado. Acariciarla/o cuando está a punto de dormir. Sé que a muchos no les enseñaron a expresar cariño, ya que crecieron en hogares donde nunca fueron abrazados o acariciados por sus padres.

Pero permíteme compartirte un consejo que encontramos en Proverbios 5:15-19: «Si quieres disfrutar del amor, disfrútalo con tu esposa. ¡Guarda tu amor sólo para ella! ¡No se lo des a ninguna otra! No compartas con nadie el gozo de tu matrimonio. ¡Bendita sea tu esposa, la novia de tu juventud! Es como una linda venadita; deja que su amor y sus caricias te hagan siempre feliz» (TLA).

> *"Decide hoy abrazar* a tu pareja y darle un *beso inesperado."*

Si quieres ver tu matrimonio sincronizado en todas las áreas, cumple con este mandato. Esto aplica para ambos. Hay personas a las que no les gusta que las toquen. Pero, aun así, como en todo lo que hemos visto, debemos aprender. Así que, empieza por dejarte acariciar. Hazle un masaje a tu esposo en los pies o en la espalda, después de un arduo día de trabajo. Disfruta del amor de esta manera. Si esto no sucede, lo siguiente será que la primera persona que toque a tu pareja conquistará su corazón, ya que se sentirá especial y valorada/o. Sean sabios y no le den lugar al enemigo para que dañe los planes que Dios trazó para su matrimonio.

CLAVE 5: Amor o entrega

El amor trae bendición al matrimonio. Si quieres tener un matrimonio fuerte, una relación poderosa, no tengas la tapa del submarino abierta. No des lugar a cosas que no te convienen y que dañarán la relación. Tampoco ingreses al compromiso matrimonial pensando que tienes la opción del divorcio. Con el amor todo se puede y las cosas que no andan bien, con la ayuda de Dios pueden encaminarse.

Todos los matrimonios pasamos por situaciones difíciles y complejas, pero con determinación, amor y entrega se puede encontrar la solución. En tiempos difíciles es cuando en verdad se identifica de qué está hecha la relación. Si se construyó con cuidado, amor y entrega, con el correr del tiempo los conflictos serán anécdotas que nos recordarán cómo Dios nos ayudó a salir adelante.

Hoy en día, las parejas no están preparadas para afrontar los desafíos que se presentan. Desafortunadamente, les resulta más sencillo romper ese vínculo matrimonial que luchar por sostenerlo. Debe haber una resolución muy fuerte dentro de la pareja para que, cuando las tormentas de la vida lleguen, los dos permanezcan en el barco, y no lo abandonen.

CLAVE 6: Cristo en el Centro

Por último, la clave más importante para un matrimonio feliz es poner a Dios en el centro de la relación. Permitir que Él sea quien esté en control de todo. Cuando una pareja busca la guía de Dios, el amor se fortalece y las dificultades se superan con fe.

«Y si alguno prevaleciere contra uno, dos le resistirán; y cordón de tres dobleces no se rompe pronto» (Eclesiastés 4:12 RVR1960). Si sumamos a Jesús a la pareja, ese cordón de tres dobleces difícilmente fracasará. Si Jesús no forma parte de tu matrimonio, podrás intentarlo de muchas formas, pero muy difícilmente perdurará en el tiempo.

Hoy, ante las constantes embestidas del enemigo para destruir los hogares y acabar con años de relación, está usando todas las herramientas posibles para lograrlo. Pero es allí donde, como hijos de Dios, podamos tener la dirección correcta del Espíritu Santo, y la sabiduría de nuestro Padre, no solamente para saber distinguir esos ataques, sino también para ser astutos y caminar de la manera correcta. Si el fundamento de nuestros hogares es Cristo y edificamos nuestra relación sobre Él, que es la Roca, podrán venir vientos y tempestades, pero no podrán destruirla. Si tu matrimonio está afirmado en Cristo, no caerá. Y en la medida en que Cristo es glorificado en tu vida y en tu casa, nunca verás tu matrimonio acabado. Apliquemos las enseñanzas de la Palabra y llegaremos a puerto seguro.

CONCLUSIÓN

A lo largo de estos capítulos hemos podido presentar las distintas situaciones que puede llegar a enfrentar un matrimonio y hemos respondido con diversas claves y herramientas para resolver cada conflicto, si estamos dispuestos a hacerlo.

En el corazón del matrimonio cristiano reside la bendición de Dios, un don precioso que nos llama a la santidad, la alegría y la unidad en la fe. Hemos explorado la profundidad de este vínculo, comprendiendo que el matrimonio no es solo una unión entre dos personas, sino una poderosa manifestación de la relación de Cristo con su Iglesia. Al abrazar el compromiso, la perseverancia y el amor incondicional, estamos a la altura de la vocación que Dios nos ha dado.

Cada principio estudiado nos recuerda que no se trata solo de dos personas, sino de un pacto con el Creador. Podemos estar seguros de que, a pesar de que las tormentas quieran destruirnos, podemos salir victoriosos si hemos desplegado el ancla de nuestra fe. No permitiremos que nuestras familias sean arrasadas.

Al culminar este viaje, invitamos a cada pareja a seguir cultivando el amor, perdonando con generosidad, y perseverando en la fe, buscando en Dios la fuerza para construir un hogar lleno de paz, alegría y amor.

Nos comprometemos a edificar familias sanas y sólidas en los principios de la Palabra, para demostrarle al mundo que, con

Jesús, tener un «matrimonio exitoso» es posible. Porque, los finales felices ocurren cuando los inicios son inteligentes.

En resumen, espero que este libro haya sido una guía para que las parejas cristianas puedan vivir sus matrimonios con la sabiduría y el amor de Dios, fortaleciendo su relación y construyendo un hogar lleno de propósito y bendición. Que Dios los bendiga abundantemente en este camino de amor y fe.

EPÍLOGO

Un solo propósito

A lo largo de estas páginas has leído nuestra visión del matrimonio desde el corazón de mi esposo. Estas líneas nacen desde el mío: su esposa.

Como su mujer y compañera de vida, puedo decir que el matrimonio es un camino de entrega mutua, donde el amor no se sostiene solo con emoción, sino con decisión. Este libro no pretende ser una guía para alcanzar un matrimonio perfecto, pero sí un testimonio para construir uno que glorifique a Dios, quien ha sido la roca sobre la cual hemos edificado con una esperanza firme.

Hemos caminado por valles, montañas y desiertos; vivido primaveras, inviernos, veranos y otoños. Y en cada estación, Dios ha sido nuestro eje y nuestro pegamento. He sido testigo fiel de cada principio enseñado, viéndolos tomar forma en nuestra historia, en medio de decisiones, pruebas y promesas cumplidas.

A ti, mi amor: gracias por permitirme ser tu compañera fiel en el cumplimiento de la visión que Dios te dio. Gracias por dejarme ser la ayuda idónea que necesitas, y por ser tú, siempre, mi protector, proveedor y promotor; quien me impulsa a crecer. Te admiro profundamente y disfruto ser aquello que Dios soñó que fuera para ti.

Oraré cada día por nuestro hogar y declararé la Palabra de Dios en todo tiempo.

Aquí estaré, como tú para mí: cumpliendo cada promesa que nos hicimos ante Dios, dándonos el "sí" una vez y para siempre.

Te amo, mi amor.
Mi primer amor.
Mi único amor.

MARÍA PAULA ARRÁZOLA

CONTACTO

- miguelarrazola
- pmiguelarrazola
- @miguelarrazola

www.ingramcontent.com/pod-product-compliance
Lightning Source LLC
Chambersburg PA
CBHW071147060526
44107CB00133B/345